U0095302

世界高端文化珍藏图鉴大系

精美雅致

锡器收藏与鉴赏

TINWARE

徐振礼 / 编著

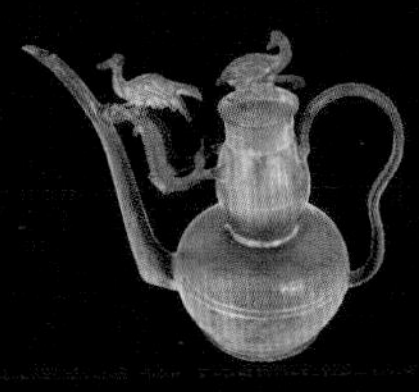

新世界出版社

图书在版编目（CIP）数据

精美雅致：锡器收藏与鉴赏 / 徐振礼编著. -- 北京：新世界出版社，2014.2

ISBN 978-7-5104-4838-6

Ⅰ. ①精… Ⅱ. ①徐… Ⅲ. ①锡—金属器物—收藏 ②锡—金属器物—鉴赏 Ⅳ. ① G894 ② K876.404

中国版本图书馆 CIP 数据核字（2014）第 019070 号

精美雅致：锡器收藏与鉴赏

作　　者：徐振礼
责任编辑：张建平　李晨曦
责任印制：李一鸣　王丙杰
出版发行：新世界出版社
社　　址：北京西城区百万庄大街 24 号（100037）
发 行 部：（010）6899 5968　（010）6899 8733（传真）
总 编 室：（010）6899 5424　（010）6832 6679（传真）
http：//www.nwp.cn
http：//www.newworld-press.com
版 权 部：+8610 6899 6306
版权部电子信箱：frank@nwp.com.cn
印　　刷：山东鸿杰印务集团有限公司
经　　销：新华书店
开　　本：787×1092　1/16
字　　数：90 千字
印　　张：15
版　　次：2014 年 3 月第 1 版　2014 年 3 月第 1 次印刷
书　　号：ISBN 978-7-5104-4838-6
定　　价：98.00 元

目录
Contents

目录
Contents

锡器发展简史

埃及第十八王朝（公元前 1580 ~ 前 1350 年）金字塔中发现的锡手镯和锡制“朝圣瓶”是世界上已知的最古老的锡制品；

日本宫廷　精心酿制的御酒都是用锡制器皿盛放；

英国皇室　喜爱用锡制器皿来盛放啤酒；

德国皇室　也喜爱用锡制器皿来盛放啤酒；

罗马帝国　出现最早将锡制器皿大规模用于家用器皿的文明。

中国古代　人们早已懂得在井底放上锡板来净化水质，皇宫里也常用锡制器皿来盛装御酒。

商代　考古发掘的河南安阳殷墟中出土的锡块和外镀有厚厚锡层的虎面铜盔，表明了锡的特殊物理性能已经被发现并受到重视；

先秦时期　锡业更为发达，并专设了机构管理；

唐代　考古发掘出陕西法门寺唐代的佛教徒使用的锡杖，上面错金银工艺十分精美，应该是皇帝下旨的一件特别制作的佛教用品；

宋代　社会开始普遍使用锡器，锡器成为百姓日常生活的必需品，打制锡器成了重要的民间手工艺，亦成为市井之中的热门行当；

明代　受紫砂及瓷器制作工艺的启发，观赏性极强，适合把玩的仿紫砂和仿瓷器的锡器应运而生，出现了以把玩为目的的文人锡器，也使锡器跻身于珍品雅玩之列。这一时期，锡壶制作名家辈出；

明代宣德年间　浙江苏州人朱端以锡制器，造型奇古，人称“朱家鼻”；

明代万历年间　浙江苏州人赵良璧制锡器，“外师造化，中得心源”，仿时大彬的紫砂式样，开一代新风，同时也成为锡仿紫砂的文人大斧，惜其作品已无流传；浙江苏州人归复初，继赵良璧之后，将仿紫砂锡壶推到最顶峰；浙江嘉兴人黄（王）元吉所造各式茶具都极精巧。明张岱在《陶庵梦忆》中说：“锡注以王元吉为上，归懋德次之 ... 而一罐一注，价五、六金……直跻之商彝周

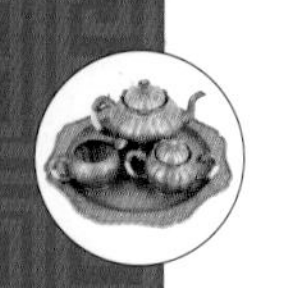

鼎之列而毫无惭色，则是其品地也”；浙江嘉兴人黄裳精于设计，制器“模范百出”；

清代　文人锡器仍旧备受士绅阶层的青睐，涌现出许多具有很高艺术修养的锡器大师和锡作高手；

清康熙年间　浙江嘉兴人沈存周以制锡壶名于世；沈朗亭亦以善制锡壶名世，故宫藏其桃式锡壶一件；

清乾隆年间　苏州王东文，清乾隆时吴县（今苏州）人。在西施缘起、乾隆最爱的苏州古镇木渎开铜锡作坊，擅制手炉，为苏州制锡名家；乾隆年间，苏州的铜、锡、铁器等冶业工匠多来自无锡。在各制作工坊间以王东文铜锡最有名。晚清以来，仿冒王东文铜锡名号的店铺在苏锡常甚至整个苏南地区从未中断过；

清嘉庆道光年间　浙江扬州人卢葵生锡壶与漆器结合更是他的创造；

清嘉庆、道光年间　浙江绍兴人朱石梅首创砂胎锡壶，锡求上佳，工求精绝；

道光咸丰年间　王善才、刘仁山、朱贞士等制锡器名手所制锡器也极为精工。

中国锡矿床分布示意图

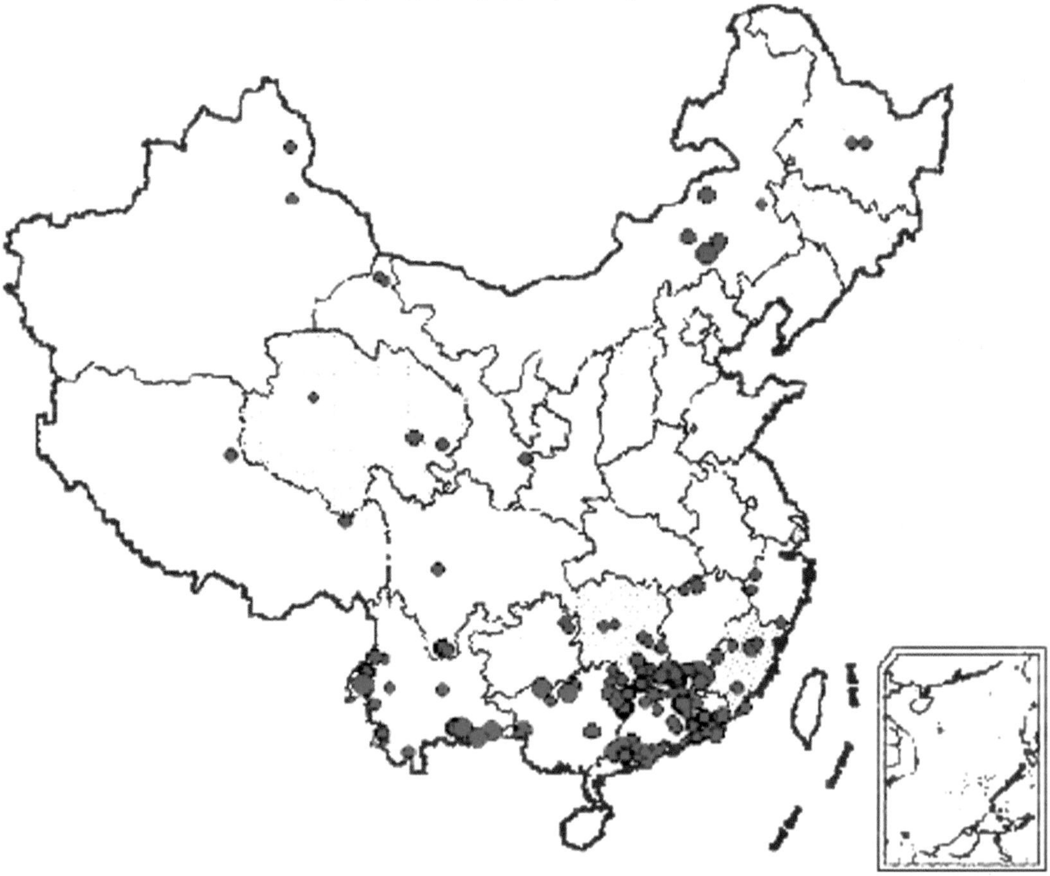

传统锡器工艺流程

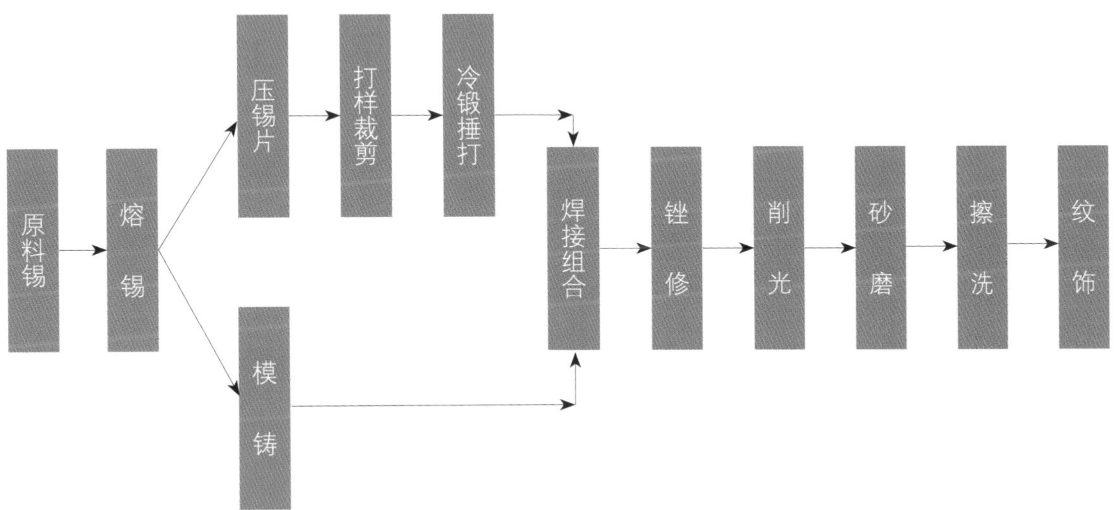

>>> 熔锡

一个锡匠沿街呼叫：“打锡壶哩！”，人们便把废旧锡器拿出家门，送到锡匠摊儿，锡匠拿称称好斤两，然后摆在地上。另一个锡匠早已生着了煤火，把铸铁锅放在煤火上，拉动风箱，使火更旺，温度迅速提高。锡匠把那些旧锡器断开或弄碎，放入铁锅里开始熔化。锡的熔点只有232℃，不一会儿，便化成了银光闪闪的锡水，纯锡在下，杂质在浮头。旧锡器或者锡块熔为液体后，方便后续灌浆模铸或压制锡片。为了保证打好的锡器斤两够数，杂质也不能扔，除非主家要求扔掉。在这过程里，有的锡匠糊弄主家，做些手脚，把高铁弄出一点，好用做兑焊锡的材料，然后往锅里掺些杂质充数。

>>> 制锡板压锡片

“四四方方一座城，里头卧着一条龙，大口喝热水，肚里变冻凌。”这是一则谜语，现代人恐怕很难猜到谜底是什么，因为这物件现在已经没人用了。谜底就是锡匠用的石板或者是制作锡板的

过程。锡匠拿出两块边长为 40 厘米、厚为四五厘米的正方形石板，一块平放到地上，拿裱心纸或麻头纸在石板上均匀的糊四五层，再拿一根线绳，放在糊好的裱心纸上，根据要做的器具摆成不同的形状，或方形，或扇形，或长方形，或梯形等。撕下一小片裱心纸，往锡水里一沾，裱心纸半沤不沤，颜色发黄时，火候就到了，温度过高裱心纸就被烧焦了，此时就不能倒。火候到了，拿钳子夹住铁锅，另一个人把另一块石板放到地上那块石板的上面，压住线绳，然后在下面那块石板下的一端，垫一长木板，使石板有个坡度，好使锡水顺利向下流。要注意上面的石板和下面的石板不要重合，那样就无法倒锡水了，上面石板的上端向下端错两指长，右边向左边错两指长，上端错开，绳子开口就显露出来了，可以使锡水沿绳子口顺利倒下去。向左错开，是为了用左手稍稍翘起上面石板一点点，好让倒锡时挤压出的空气流出来。倒锡水之前，一只脚要踩在石板上，等锡水倒满后，要使劲一踩上面石板，把多余的锡踩出来，这就叫踩压子。掀开上面的石板，一块亮瓦瓦的锡片就制好了，锡片的薄厚取决于线绳的薄厚。

>>> 模铸

一些锡器装饰小部件，例如壶钮的小动物，壶执与壶身连接处的装饰件，特别是一些蜡台的部件都不是锡片锻打而成，一般是直接在模具里直接浇铸而成，即将液态锡倒入石模中，然后待冷却后取出作品。一般有经验的锡匠在浇铸前，往往先用油灯在石模上熏附一层油烟，以防止锡浆附着在石模上，方便灌浆后取下作品。

>>> 打样儿裁剪

锡匠拿出一个相应的薄薄的洋铁皮样儿或纸样儿，把样儿放在制成的粗坯——锡板上，根据主家选定的锡壶样品，拿画针（一头是尖的，另一头是带尖的小骨朵，固定住画针，转动小骨朵，可以画圆）沿样儿的边沿在锡板上画出相应的形状，画完后，拿出大铁皮剪子，开始裁剪，剪下画好的形状，把下脚料扔到铁锅里，准备下一个制品再用。

>>> 冷锻捶打

这道工序主要是把平面的剪好的锡板变成立体的器形，有灯笼形、圆锥形、柱形、碗形等。主要用具是拐枕和板锤。拐枕为铁制，呈“工”字形，下面为硬木底座，一般为槐木或枣木，上面为横梁，一头大，一头小，大头为斜方形，小头为尖形。板锤为枣木，长方体，有把儿，用板锤敲打的好处是防止锡片走形。把锡板放到拐枕或拐枕底座的凹槽上，拿板锤慢慢敲打，因锡属于软金属，加工起来并不太难，不一会儿，便可敲打出一个基本的器形来。冷锻的好处还可以加强作品的硬度。

主题打造好了，还要加工一些其他的附件，比如壶嘴儿、提梁（系子）、壶盖儿、壶底、壶盖儿上的小动物、蜡台上的葫芦等。

>>> 焊接组合

焊接分为一般焊接和鱼鳞焊（光焊）、阴焊、水银大焊等焊法。焊锡有讲究，必须用中锡，也就是高铁和低铁的混合物，含杂质和其他金属。用的最多的焊法就是一般焊接，只要把各种部件焊接在一起，经过打磨不留什么痕迹即可。鱼鳞焊焊缝上的焊点呈片状连接在一起，呈鱼鳞状，故名鱼鳞焊。阴焊是拿烙铁掏进器物的内壁进行的焊接，焊点不显露在外。烙铁分铜的和铁的两种，大小不一，各种各样的都有，木把。烙铁头部有个小方嘴儿，焊盒里放松香和焊锡，把烧红的烙铁取出，用小方嘴沾松香和焊锡进行焊接。

>>> 挫修

用锉刀将凹凸不平的表面加以修平。

>>> 旋磨刮光

旋磨刮光这道工序必须用旋床，旋床由木架支起，放到倒放的桌子腿上，中轴上有皮带，锡匠用脚蹬皮带上的绳套，带动中轴转动，中轴一端有一较大的圆骨朵，是用松香、稀土、皮油、橡灰、麻油等混合在一起事先在家熬好的，是为粘合剂。把圆骨朵在火上烤软，再把需要旋磨刮光的器物底部粘在骨朵上，锡匠脚踩皮带，中轴转动，器物也随之转动，锡匠手拿钢刮刀片（样式多种），在整个锡器表面和焊点处刮动，不仅使整个器物光滑明亮，而且使焊点和整个器物浑然一体，不留焊痕。

>>> 擦洗抛光

刮完以后，就要把器物磨光，磨光器物需要一种草药，名叫木贼，分粗木贼和细木贼两种。把木贼用水弄湿，拿布攥一把，摁在器物上，脚踩皮带，随着器物的转动，那木贼在器物上来回磨擦，先用粗木贼，再用细木贼，最后还要用锯末来摩擦，经过这一番磨擦，锡器便如玻璃一样，亮瓦瓦的，银光闪闪，可以照人。刮光是技术活儿，看的是功夫，不好掌握，手脚并用，配合完美，才能顺利完成，脚踩皮带要连贯均匀，手拿刮刀要掌握好平衡，千万不要刮出深浅不一的道道儿来。

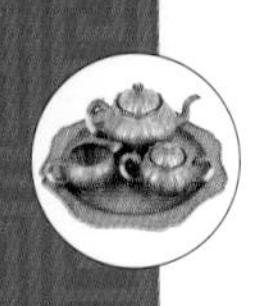

>>> 纹饰

锡器制作的最后一步，用雕刻刀刻纹路，或贴金箔，或上油漆，来将作品美化。

槌臼

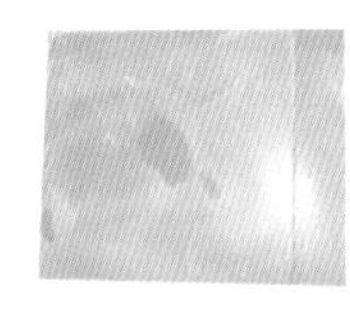

压锡石板

木贼草

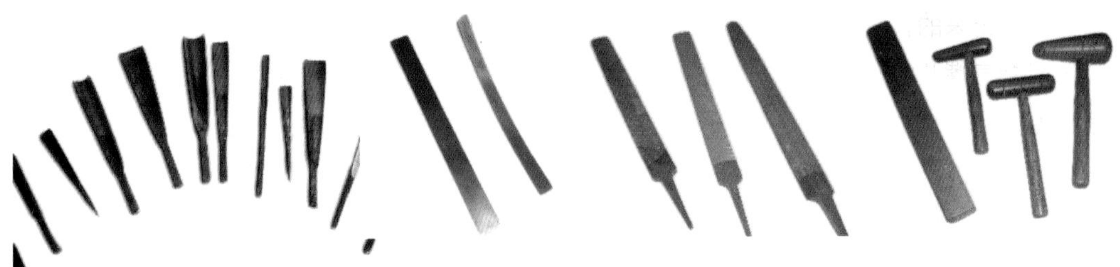

雕刻刀　钢刮刀片　锉刀　棰子

石模具

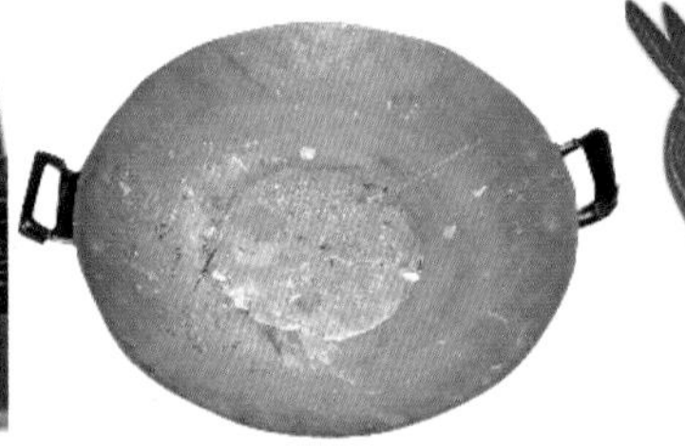

熔锡锅　剪刀

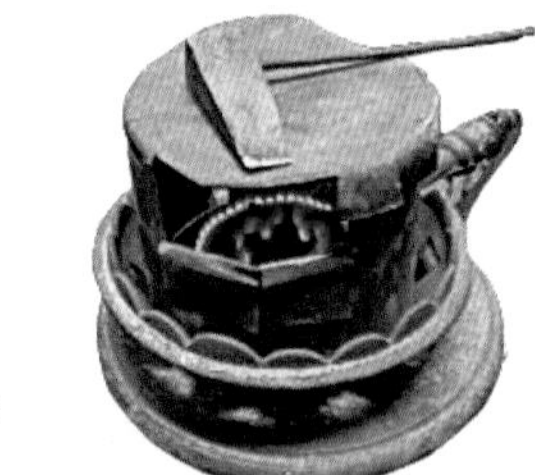

焊具 炉

锡器制作工艺绝活

>>> 工艺绝活之一　高级壶嘴儿的制作

一般壶嘴儿都是把锡片放在拐枕上敲打，再经过焊接和打磨而制造出来的。可有一种高级壶嘴儿却是用嘴吹出来的，这绝活一般锡匠掌握不了，要靠师傅的传授和多次实践方能掌握。在两块石板上，各阴刻壶嘴儿的一半，形成两道凹槽，把两块石板一对，掐紧，壶嘴大口朝上，小口在下，从大口处倒入锡水，从小口处流出锡水。倒锡水之前，先用挡板把小口堵住，然后才倒锡水，倒满后，把挡板松开的同时，要用嘴在上方大口处用力一吹，哗啦一下，还没凝固的锡水便流了出来，凝固的锡紧紧贴在模子壁上，形成壶嘴。这工艺要求时间要把握好，壶嘴的薄厚都掌握在时间上，而且要手嘴并用，同时行动。把两块石板分开，一个吹出来的壶嘴就呈现在人们眼前了，其特点就是没有焊点，浑然一体。有时制作蜡台杆儿也用这种方法，叫“甩挺子”。

>>> 工艺绝活之二　水银大焊

水银大焊是不用烙铁焊接的一种焊法，并不常用。其过程是：把要焊接在一起的两个截面处涂抹上水银，再制作一个很薄的锡片，也涂抹上水银。把小锡片放在两个截面的中间，使劲压住，然后点燃一把香，用这把香在容器内侧对准焊接处加热，外面的小锡片接受来自内侧的热量，慢慢熔化，很自然的就把两个截面焊接在了一起。其特点是看不见焊痕，浑然天成。

>>> 工艺绝活之三　锡雕

锡雕又称瓜雕，是中国乃至世界一门独特的工艺，有三百多年的发展历史。锡雕制品可以上溯

到公元 1676 年，当时的锡制品主要以普通日用品居多，锡雕一问世，就受到朝廷的垂青，成为贡品。锡雕在制作技法上采用板金下料工艺、锻、錾、塑、雕、焊、镶嵌、多材质组合等技法，凹雕、线雕、浮雕并用，表面抛光度可达 10 级以上，更重要的一点是，很多形态是通过烙铁来塑造完成的，这是制作技法上与众不同的主要特点。锡雕所用的工具有：刀、锉、各种锤子、板子、大小异型剪刀、划规、刻刀、各种形状錾刻刀、各种砧子、台具、夹具等。

渐行渐远的锡器老物件

>>> 灯盏

旧时照亮历来使用菜油灯。菜油灯有的固定墙壁架上，有的则放在桌、柜上。一般厨房多用吊灯，俗称“亮油壶子”。亮油壶子从前是土陶的，有灯嘴的小壶。从灯嘴里向壶内塞入棉纱灯芯，壶内装菜油。壶上有两耳环，耳环孔内插入铁制挂钩，将挂钩挂于抬梁上垂下的绳结上。卧室中常用锡灯盏或手照子（点火后可拿着行走）。旧时灯盏易损坏，坏则漏油，俗语有：“东选西选，选个漏灯盏”。灯盏用的灯芯为通草芯子，轻巧、便宜，故人们爱说：“说得轻巧，拿根灯草”。

上世纪 50 年代中期以后，土陶、锡灯盏逐渐消失，取而代之的是白铁皮制作的灯具。灯油也从菜油换成了煤油。菜油灯火小，形如黄豆一般，亮度低，而煤油灯火较大，照明效果好，但煤油燃烧不完全，黑烟特别多，气味刺鼻难闻。旧时的菜油灯的菜油有香味故老鼠和蟑螂（俗称偷油婆）都要偷食，故有：“小老鼠，上灯台，偷油吃，下不来，叽里咕噜滚下来”的儿歌传唱。

川西一些地方，结婚行大礼时有合灯的习俗。新娘子过门，事先就得请个福气好的人撒帐、点灯，然后拜天地、入洞房，最后，新郎新娘再将锡灯盏上的两根灯芯移做一处，名曰“合灯”，寓意百年好合。其他地方亦有新人入洞房时在灯盏里头加点蜜，取那个吉祥话叫“蜜里调油”的习俗。

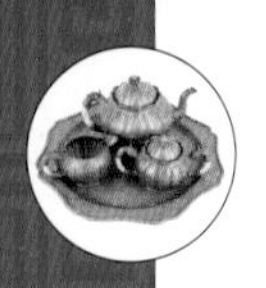

>>> 蚊灯

灯身如葫芦状的细长灯盏，其灯盏的侧面开有一扇如喇叭口状的小窗，此灯在古代是专门置于蚊帐内的，当灯捻被点燃后，有气流从喇叭口小窗被迅速吸入，蚊帐内的那些蚊虫便会被这股热气流所吸进入灯盏内，以达到消灭蚊虫的目的。据说是古代宫廷里，专门用灯光来吸引蚊子的器具，其效果丝毫不亚于现代的灭蚊器。可见，古代的民间艺人对于灯盏的制作已不仅限于照明，而是将它的功能多样化了。

《真西山卫生歌》所载："亦有灭灯不成寐者，锡制灯笼，半边开小窦以通光，背帐置之，使不照耀及目。"

>>> 书灯

书灯，是夜晚读书时使用的油灯。在清代俗称手照子，一般是官僚富户之家使用，如晚间女眷由上屋至厢房，或由厢房至上屋，及到后院上厕所，皆用手照子照路，由仆妇、使女手持，在前引路。也可用手端着在屋里走动，方便使用。

>>> 酒嗉子

酒嗉（sù）子，一般体形不大，细而高的盛酒用的器皿，口向外张开，颈细，底大，没有柄。它除了是喝酒必备品外，还有就是方便人们烫酒或筛酒，旧时的冬天，又凉又辣的白酒使人难以下咽，人们喜欢饮热酒，所以人们经常用其烫酒或筛酒。把锡壶放在炉子上或开水里，因为锡导热快，烫酒非常迅速，而且热酒喝起来暖心。锡酒壶曾经风行于上世纪 20 年代，不说家家都有，至少是大小饭店必备的酒具。这种锡酒壶解放后还在用，锡酒壶之所以盛行，与喝热酒的习惯分不开。南方人喝米酒，必须烫；北方人喝白酒，也要烫，说是不伤胃，对身体有好处。而锡这种金属传热快，散热慢，恰是做酒具的好材料。

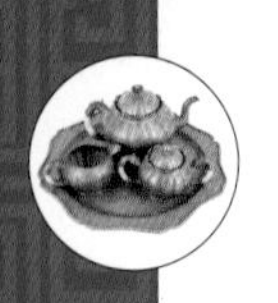

>>> 炉式烫酒壶

炉式烫酒壶，壶身上有一个炉口，壶内有放炭的炉膛。北方地区还有一种吹壶，外形如壶如“茶吹”，有炉膛，中有一空轴，四周注入酒，以炭基为燃料，微火温之形如火锅 。中国的文化和酒，因了文人雅士的举斛醉月，内涵更为淳厚、悠长。中国人早有将酒温热了饮用的习惯。商周的青铜酒器中，就有用于温酒的器皿。晋代文人左思（约公元 250 ~ 305 年）在《魏都赋》中有“冻体流澌，温酎跃波”的文句，明确说到温酒。《三国演义》中多次提到“煮酒”、“热酒”，曹操煮酒论英雄和关羽温酒斩华雄。《红楼梦》第八回亦曾记载，当宝玉要喝冷酒时，薛宝钗劝道：“要冷吃下去，便凝结在内，拿五脏去暖他，岂不受害？”。

>>> 温酒壶

俗称“鸡抱母”、“酒烫子”，是由外大内小两只锡壶组成，从外面看只是一个简单的水壶形状，壶嘴的高度与壶盖平行，里面子壶是一只圆柱形内胆，内胆的盖沿宽于母壶的口径，子壶直接坐在母壶的口沿上，这样衔接处密封好，不漏气，取用方便。使用时，在母壶中注入热水，酒斟入子壶中，将子壶置于母壶中即能温酒，既便于取放，又可保温延长温酒时间。

>>> 吸壶

防倒流壶的一种小酒壶，有观音瓶式的，有方棱形的，比酒嗉子盛的酒还少。酒嗉子盛半斤，它才盛二两半，盖子上有螺扣，可以拧进拧出，并还焊有小吸管直通壶底。盖子顶上有个奶头形小揪揪儿，上面有个小孔直通吸管儿。因其精巧设计，无论怎样放，都无需担心壶里的酒流出。吸壶既方便又轻巧，可以放在怀里暖着，想喝时掏出来，通过盖子顶上那个奶头吸两口解解馋。一般吸壶与现在丝扣相反，即逆时针为关，顺时针为开。市场上不少丝扣拧坏的，应该跟这有不少关系。收藏这类器物应注意里面的吸管应接近壶底方为完品，有不少没有吸管或吸管不到壶底的，这都失去该器物防倒流的主要作用。

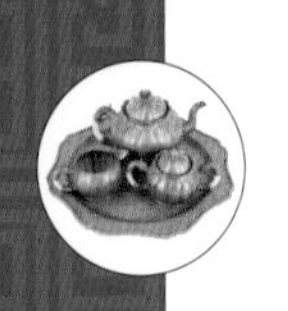

>>> 茶壶 -- 烧开水的茶壶

“闲云潭影日悠悠，物换星移几度秋。”那种圆锥形状在老式灶台上烟熏火燎的往事，估计得七八十岁以上的人才会对锡壶有深刻的印象，现在早就没有人用锡壶烧水了，锡壶已退出人们的生活很久很久了。

在很多地方茶壶既指烧开水的水壶，也指饮茶的茶具，烧开水的水壶主要是马蹄壶和圆壶。比较大，一次能烧好多水。马蹄形茶壶是北方农村普通老百姓的日常用品，而圆壶在河北武安地区是旧时代出嫁闺女时常用的陪嫁品，一般是直嘴，提梁是空的，刚打完光亮亮的，很新气。据说用锡茶壶烧的水比别的器皿烧的水好喝。当然，含铅的茶壶是一定有毒的。

>>> 茶壶 -- 盛开水的茶壶

所谓“锡茶壶”，就是盛茶水的容器。那时，一般人家大都备有一把锡茶壶，到了冬天，在它的外面，还要围上一层厚厚的棕包，所以又叫棕包壶或“棕包袱”，以保茶水温度。说起锡茶壶，还有一个锡茶壶丢官趣事，《清稗类抄》中记载了“晚清四大名臣”之一的张之洞的一件轶事。据说，两广总督张之洞喜好锡茶壶，自号“壶公”。一日，有个花银子买官的侯补知府来拜见。张在兴头上有意考他，便在纸上写下“鍚、茶、壸”三字叫其识认。侯补知府一见便脱口而出：“锡、茶、壶”是也。张听后笑道：能识“锡、茶、壶”尚可造就，着读书五年，再来听鼓！其实，“鍚”音“阳”，是金属的一种，“荼”音“途”，是植物的一种，“壸”音“昆”，是宫中的道路。“鍚、荼、壸”三字，每字比“锡、茶、壶”多一画。就这三横，让眼看着花翎子就戴上了的准知府，打道回家喝锡茶壶去了。你说锡匠肚里墨水不多，可编出此故事真是要考倒许多读书人。

>>> 茶船

说起“茶船”，不少年轻人可能会感到陌生，说到“茶托”或“盏托”，也许大家就很明白。茶船，古代流行的一种置茶盏的承盘，亦称茶托子、茶拓子、盏托，其用途以承茶盏，防烫手之用。后因其形似舟，遂以茶船或茶舟名之。清代寂园叟《陶雅》中提到：“盏托，谓之茶船，明制如船，康雍小酒盏则托作圆形而不空其中。宋窑则空中矣。略如今制而颇朴拙也。”可见船形茶托出现于明代。另有一说，茶船始于南朝，唐代逐渐增多，由盏托演变而来。据李匡义《资暇录》卷下记载：“始建中（780 ~ 783 年），蜀相崔宁之女以茶盅无衬，病其烫指，取子承之。既啜而盅倾，乃以腊环子之央，其盅遂定。即命匠以漆环代蜡，进于蜀相。蜀相奇之，为制名而话于宾亲，人人为便，用于代。是后，传者更环其底，愈新其制，以致百状焉。”李匡义认为盏托最早出现于唐代，不管怎么说，在茶具这个庞大的家族中，茶船虽处于从属地位，却不可或缺。

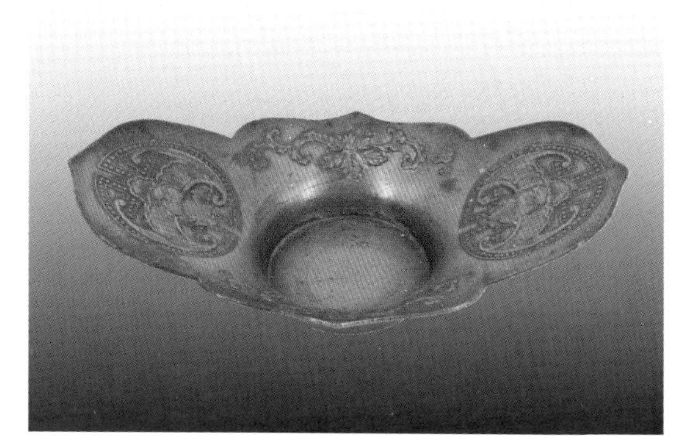

>>> 茶罐

早在一千多年前，古人就懂得用锡罐储存茶叶，长期以来，高档茶叶都是用锡器包装。锡器储存茶叶、药材的保鲜期比其他任何容器的时间都长，并具有不变味、不变色的特点。为什么锡制品受人青睐呢？汕头“颜记锡艺”传人颜来钦师傅说，纯锡具有“凉身”等奇特功效，能隔热隔湿，无杂味，好的锡罐将盖往上拉会感觉到一股吸力，猛拉之后放手，罐盖会迅速回弹，而盖盖子时，只须轻轻把盖子放上，盖子会慢慢自动下落。锡罐用来存放贵重药材、茶叶等物品，能保持原汁原味，不易变质坏掉。潮汕人向来喜欢用来装茶叶、补品等。现在很多人贪图方便，会把人参放在冰箱里，放在冰箱的人参会变硬，扔到地上会折断。如果装在锡罐里面，只要人参保持干燥，放 20 年都没问题。同样的，历史证明：1745 年，瑞典东印度公司的哥德堡号船触礁沉没后，在将近 240 年后的 1984 年打捞出海，船上 370 吨茶叶浸没海底，尚有 1000 余公斤茶叶，由于锡罐封装严密，未受水浸变质。

>>> 保温食盒

保温食盒又名暖锅、盖豆，一般由胆、盖、暖托三部分组成。清时大户人家用此器物盛燕窝汤、参汤等送至老爷、小姐房中，碗放在装有开水的暖托中，以保持汤不冷。

>>> 火锅

火锅古称“古董羹”，因投料入沸水时发出的“咕咚”声而得名。火锅是锅、炉合一的一种食具。炉置炭火，使锅汤常沸以熟菜肴，随煮随吃。我国的火锅历史悠久，源远流长。浙江等地曾出土 5000 多年前的与陶釜配套使用的小陶灶，可以很方便地移动，可以算是火锅初级形式。北京延庆龙庆峡山戎文化遗址中出土的春秋时期青铜火锅，有加热过的痕迹。奴隶社会后期，出现了一种小铜鼎，高不超过 20 厘米，口径 15 厘米左右。有的鼎与炉合二为一，即在鼎中铸有一个隔层，将鼎腹分为上下两部分，下层一个开口，可以送入炭火，四周镂空作通风的烟孔。有的鼎腹较浅，鼎中间夹一炭盘，人们称这种类型的鼎为“温鼎”，它小巧便利，可以说是一种较好的火锅了。汉代出现一种称为“染炉”、“染杯”的小铜器，构造分为三部分：主体为炭炉；上面有盛食物的杯，容积一般为 250 ~ 300 毫升；下面有承接炭火的盘。可以推断这就是古代单人使用的小火锅。唐宋时，火锅开始盛行，官府和名流家中设宴，多备火锅。唐朝白居易的《问刘十九》诗：“绿蚁新醅酒，红泥小火炉。晚来天欲雪，能饮一杯无？”就惟妙惟肖地描述了当时食火锅的情景。

>>> 锡碗

又叫白铁碗，小孩吃饭喝水用的。一般情况下，某人认干儿子了，要给干儿打个白铁碗，当作礼物。旧时，这做法在城乡成了一种风俗。有时候，两个人开玩笑，一个人对另一个人说：“我打个白铁碗送给你吧”，说者就占了对方便宜，意味着对方就成了他的干儿子。

>>> 暖脚壶

宋时已有，又名“汤婆子”、“汤捂子”、“锡夫人”、“汤媪（ǎo）”、“脚婆”。汤婆子之名由来已久。“汤”，古代汉语中指滚水，“婆子”则戏指其陪伴人睡眠的功用。汤婆子一般为南瓜形状，小口，盖子内有厣子，防止渗漏。灌足水的“汤婆子”旋好螺帽，再塞到一个相似大小的布袋中放在被窝里，这样晚上睡觉便十分暖和。小小一件取暖用品曾经被许多大诗人歌颂过。黄庭坚《戏咏暖足瓶》诗：“小姬暖足卧，或能起心兵。千金买脚婆，夜夜睡天明。”明瞿佑《汤婆》诗：“布衾纸帐风雪夜，始信温柔别有乡。” 宋代顾逢诗：

皤然一器微，有用在冬时。
永夜寒如许，孤衾暖不知。
少年皆见弃，老者最相宜。
却恨无情处，春来便别离。

>>> 香薰

又名“熏炉”，香薰为焚香用的器皿，用以薰香、驱虫、净化空气。有的熏炉，如三国西晋的提梁式炉、双系罐式炉，在冬季寒冷时，还经常用于烤火取暖。

熏炉是由古代祭祀焚香用的器具香炉演变而来，后渐以其功能区分，凡用于祭祀无盖者谓之香炉，而用于香化、净化空气有盖者，则称香薰或叫薰炉。

香薰起源于史前，盛行于秦汉。在西汉早期，湖南长沙汤家岭西汉张端君墓出土的铜熏炉上有着“张瑞君熏炉”等铭文，证明汉时对这类器物称熏炉。《艺文类聚》卷七十引汉刘向《熏炉铭》：“嘉此正器，崭岩若山；上贯太华；承以铜盘，中有兰绮，朱火青烟。”谢惠连《雪赋》：“燎熏炉兮炳明烛，酌桂酒兮扬清曲。”

>>> 蜡扦子

又叫蜡台、烛台，也是旧时代出嫁闺女时常用的陪嫁品。蜡台主要用途是结婚时插红蜡烛，以及逢年过节祭祀神仙、佛圣时使用。

说起蜡扦子，还有一段经典的相声，相声艺人李德钖、张寿臣、刘宝瑞都擅长说此段节目。刘宝瑞于1957 年在中央人民广播电台录音并向全国播放。当今相声艺人郭德纲也曾经在“纪念刘宝瑞专场”相声演出中说过这个段子。段子说的是，有户人家三个儿子均分了亡父的遗产后，都不赡养老母。女儿给老母出主意，将锡蜡扦熔铸成饼子、条子，围在腰里，假充私房金银。利欲熏心的三个儿子及儿媳发现后，争相供养老母，百般逢迎。母去世后，又大办丧事以示孝顺。结果，发财美梦落空，反被世人耻笑。

>>> 妆奁

现代人用化妆盒来装各式化妆品，那么古代人用什么放梳妆用品呢？古代人放梳妆用品的器具称之为“妆奁”。《世说新语·巧艺》有“弹棋始自魏宫内用妆奁戏”。刘禹锡《泰娘歌》：“妆奁虫网厚如茧，博山炉侧倾寒灰。” 宋代女词人李清照在《凤凰台上忆吹箫》中写道：“香冷金猊，被翻红浪，起来慵自梳头。任宝奁尘满，日上帘钩”。《红楼梦》第四二回：“〔黛玉〕忙开了李纨的妆奁，拿出抿子来，对镜抿了两抿。”奁不仅仅见于古典诗歌、文学中，在古代画卷中也不少见。东晋顾恺之的《女史箴图》中画有两位正在梳妆的仕女，身旁就有四个奁盒。其实早在西周时期，中国古代女子用以盛放梳妆用品的盒子——妆奁就出现了。

>>> 刨花缸

明清的刨花缸，前期大多以竹刻铜锡制作，缸壁上置有一立架，上插骨针毛刷等梳发用品。葵口椭圆形者较为常见，立架有的直接在缸壁上，也有在盖子上的，明白这一点，就很容易跟香薰、笔洗分别开来。流传的婚嫁歌里，有这么唱的：“清早穿上新衣裳，我给姐姐送嫁妆。一送扑粉盒，二送刨花缸。”刨花缸，当年妇女必备的化妆用具，今天的女孩子谁还认识它！老年人说到美发护发，自然要想到刨花水。现在木匠活少了，刨花也少了，有一些也丢弃了，最多用它生炉子，没有人想到用它来洗发。但是古代，尤其明清时候却是刨花水护发的一统天下，可见用刨花水洗头护发也是非常遥远的事了。

中国的妆奁文化源远流长，古人“止水鉴容，流水涤发”的习俗可以追溯到殷商之前。唐代诗人徐安期有《催妆诗》：“传闻烛下调红粉，明镜台前作好春。不须满面浑妆却，留着双眉待画人。”把新娘坐在花烛前面对明镜梳发化妆的情景描绘得真真切切。其实，我国古代直到清末，妇女们美发护发时常用的“发水”就是这种价廉物美的刨花水。

如今健在的耄耋老人犹能记得，刨花水是她们年轻时最时尚的润发乌发的天然绿色美发用品。

那时老年妇女每天梳头，叫背头。头发不经常洗的，隔几天用把极密的梳子，叫篦子，梳理头发，然后用小刷子沾上刨花水，刷在头发上，不仅可固定发型，且能散发出淡淡芳香，就象现在用的摩丝一样。不过，与摩丝相比，刨花水还具有润泽乌发的好处。旧时悠闲的时候，总可以看到小姊妹们在院里树下笑嘻嘻地互相打理，用小毛刷沾取搽在头发上，顷刻，油光可鉴。

刨花水就是用刨花泡的水，刨花里的汁水、药性都浸在水里，有粘性、油性，还有杀菌、去污、药护作用。

老年人说，并不是所有木料的刨花都可以泡水用的，是要有选择的，榆木最好。画家贺友直回忆幼年旧事时，就说刨花以榆树的最受欢迎。除去了榆树，桃树、桐木、枣木也可以。刨花水和皂角水虽然有同样的护发作用，却比皂角水更富有油性、光泽，用起来更为方便，效果更佳。再者刨花水的最大特点是能够使头发梳理定型，纹丝不乱。直至今日京剧旦角仍严守古法，脸颊二边的鬓脚贴片还非用刨花水不可。

仔细回忆起来，旧时街巷里还有专卖刨花这一行当的小贩，他们肩扛一条矮脚长板凳，

凳面的前端开有一孔，孔上插一根二尺多长的竹竿，竹竿上挂着一串串叠在一起的刨花，约二寸宽尺半长，板凳上还有一段光溜溜黄铮铮的榆木，遇上买家，便用阔刨轻轻一推，一片片薄薄的呈波浪形的刨花即刻飞了出来。成了商品，妇女只消花二分钱就可买回一串，用热水浸泡便会渗出粘稠的液体来，后将此液灌入刨花缸里备用。

清代后妃们就用蘸了刨花水或头油的抿子抿头，据说慈禧太后就用过。用榧子、核桃仁、侧柏叶一同捣烂了，泡在雪水里和刨花水兑着用。因为她是油性发质，经常掉发，当时的御医还专门给配了抿头的方子，用了薄荷、香白芷、藿香叶、当归等中药。结果七十多岁时，慈禧的头发还像黑色的天鹅绒。另外，在林海音所作《城南旧事》中，也有相关记载，例如《惠安馆》第一章中："宋妈又说：'下回给带点刨花来……'"。

>>> 粉盒

历代粉盒都是当年时尚潮流之美的缩影，在收藏粉盒的同时也收藏了一份前朝的时尚，一份美丽的心情。战国时期的女子已开始铅粉扑面、黛黑画眉。宋玉的《大招》中即有"粉白黛黑，施芳泽只，长袂拂面"之说。《战国策》中那句"士为知己者死，女为悦己者容"，更是家喻户晓。

>>> 烟灰缸

又称"烟缸"、"烟碟"或者"烟盅"。产生于19世纪末。纸烟问世后，烟灰、烟蒂随地弹扔有碍卫生，烟灰缸就应运而生了。其形状、大小均无固定，但都有明显的标记，那就是烟灰缸上均有几道烟支粗细的槽，是专为放置烟卷而设计的。

>>> 轿瓶

轿瓶亦称壁瓶、挂瓶。器形前边凸起，靠墙的一面是平的，并且设楔形方槽及小孔以供悬挂，最早的摆放位置是挂在墙壁或床内的柱子上。万历十九年高濂《遵生八笺》一书对床上挂放壁瓶如此赞誉："床内后柱上钉铜钩，二用挂壁瓶，四时插花，人作花伴，清芬满床，卧之神爽意快，冬夏两可。"可见，当时文人对壁瓶的喜爱。入清之后，壁瓶从民间文人雅物成为皇家陈设之器。挂在轿舆或墙壁上用的装饰器物，乾隆皇帝特别偏好轿瓶，轿辇是他的主要出行工具，其在位 60 年，六下江南，四次东巡，所以让人专门生产一批轿瓶，悬挂在轿辇内，供途中插花欣赏。让缤纷野卉，随轿起伏，赏心悦目，巡行路上为他排遣寂寥。轿瓶名称由此而得。在珍藏稀世法帖的养心殿三希堂东壁墙上挂有轿瓶 14 只，这足以以看出轿瓶是乾隆雅好的陈设器之一。

>>> 水注

中国传统的文房用具，除笔墨纸砚外，还有不少其他辅助性用具。如纸怕风吹移动，就产生了"镇纸"；洗笔要有水盂，就产生了"笔洗"；磨墨要有水，就产生了贮存砚水供磨墨之用的"水注"；放印的有印盒，搁砚的有砚盒，搁墨有墨床，搁笔有笔架，还有笔格、笔筒、笔床、笔船、笔屏、墨盒、印章等等。这些用具，造型各异，雕琢精妙，它们的共同特点是轻巧、雅致，置放在案头不但实用，还可以供文人墨客欣赏把玩，故又称作文玩。

水注也称"水滴"、"砚滴"，古代文人磨墨时用来装水、滴水的文具，注水于砚面供研墨之用，有嘴的叫"水注"，无嘴的叫"水盂"。

>>> 水盂

文房还有“第五宝”，就是水盂，也称之为“水丞”、“水中丞”。此物因小巧而雅致，最能体现文人雅士的审美情趣，故在文玩类的工艺品中，属于品位较高的藏品。

>>> 笔架

笔架亦称笔格，为搁笔的文房用具。笔架因样式不同，多有别称。如笔山，因呈多峰山形而名，造型一般为五峰，中峰最高，两边侧峰渐次之，平底。笔床，其卧式如床而名。笔架已有 1500 余年的历史。南北朝时就已有笔架的记载，但传世品还不曾发现。唐代笔架流传下来的极为罕见，但从文献来看，此时的笔架已经成为文房的常设之物。宋代笔架传世品和出土物较多，其形多为山形。到了明代，笔架成为文房中不可或缺之物，其材质更加多样。清代笔架更胜明代，但锡质笔架出现于何时，目前尚不清楚。

>>> 笔洗

笔洗是文房四宝笔、墨、纸、砚之外的一种文房用具，是用来盛水洗笔的器皿。笔洗的形制以钵盂为其基本形，其他的还有长方洗等。以形制乖巧、种类繁多、雅致精美而广受青睐。各种笔洗不但造型丰富多彩，情趣盎然，而且工艺精湛，形象逼真，或素或花，工巧拟古。作为文案小品，不但实用，更可以怡情养性，陶冶情操。

旧时文人书斋案头的文房用具中，用来盛水洗笔的笔洗是不可或缺的器具之一。笔洗除了实用价值之外，因其雅致精巧、造型装饰各有千秋，深得追求优雅和精致生活情趣的文人墨客的喜爱。

如何收藏锡器

目前的锡器收藏，几乎既不需要象青铜器、瓷器那样去断代，甚至亦不需要鉴真伪，我们目前见到的锡器几乎百分之九十六、七以上都是清末民国的老玩意儿，绝大部分的三镶壶及部分文房器具除外。因为早于这一时期的很少并且几乎现在都在藏家手里了，而晚于这一时期的由于历史原因也消亡了。锡器为何在民国时逐渐消亡了呢？有人认为锡器消亡与它会致人铅中毒有关。还有一种说法是因为上世纪五六十年代，一把稍微好的锡壶，价格相当于一个普通工人半个月工资，当时价格低廉的玻璃制品、铝制品、锑制品大量面世，使手工锡制品丧失了生存空间。另有一种说法，新中国成立后，锡器业因原材料不济而陷于疲软，当时锡为国家稀缺工业物资，市面严格控管，地方政府鼓励和帮助锡匠改行，老匠人亦不再收徒，这应该是锡器从人们生活中消失的决定性原因。

无论你是新玩家，还是老藏友，前几年锡器便宜得人们都懒得也不值得去造假（懒是因为没有利益驱动，以前的锡器收藏完全不被重视，市场容量非常小，不值得是因为老锡器都是纯手工打造，现在的老锡器艺人已经是凤毛麟角，再加上现在锡金属的价格几乎是铜的3倍，造假的话，没性价比，当然，掺铅及其他金属杂质另论），所以抓紧时间出手吧，现在还来得及抓住“青春的尾巴”。虽然锡器在当时作为日常用品几乎家家都有，但跟铜器相比，命运就悲惨多了，好歹铜器有大量博物馆级别的被保留了下来，相反，经过1958年的“全民大炼钢铁”和1966年“破四旧”两次运动的摧残，现在锡器存世物数量远远低于铜器及其他收藏品。在锡器的存世物中，相对来说，五供类以及茶壶、酒壶数量还是比较大的。

当然，如果你连锡都不认识的话，那……反正我是犯过这样错误的，在网上看图片购买，卖家标明是锡质的，由于图片白平衡的原因，把两件铜的当成锡器买了。一件是铜鸭子肥皂盒，还有一件满工的梅兰竹菊铜暖脚炉。

锡器收藏的所谓看皮壳鉴真伪，如果你上网搜索的话，我相信醍醐灌顶的感觉你是不会有的，网上说的根本就是青铜器收藏之“赵括用兵”的翻版，其实锡器收藏根本就没有那么复杂。以收藏实践来说，相对而言，锡器赝品极其少见，真品率至少在百分之九十六、七以上，与混乱不堪、鱼目混珠的瓷器、玉器、青铜器、古钱币、古家具、古字画市场相比，要纯净得多。但是三镶壶需要特别注意，目前市场上赝品三镶壶有两类，一种是比较早出现的手工打造的，诗文绘画均为手工；另有一种近几年出现的模具浇铸的，其中文字及图案均为浇铸，里面也不是紫砂料，并且表面包浆黑褐色、油腻，极其生硬不自然。老的三镶壶一般上万元，名家沈存周、杨彭年、云生、朱石梅的作品都已经几万、几十万。明清时期有记载的制作锡器的名家赵良璧、归付初、朱端、王东文、黄（王）元吉、黄裳、沈存周、沈朗亭、卢蔡生、朱石梅、朱坚、王善才、刘仁山、朱贞士的真品也都身价不菲。所以，皮壳鉴真伪你很长时间之内都可以忽略不计了。而利用皮壳来看锡质却是肯定有道理的。

对于一件锡器，从收藏实践来说，有四项基本原则：看型，观色，辨质，赏工。利用这四项基本原则即可以基本实现收藏鉴赏锡器之目的。首先，利用看"型"、观"色"来判断器物大致年份。实际上我们所能见到的老锡器基本是清末到民国的，其他时代的很难见到；其次，通过观"色"、辨"质"来判断锡质的优劣，这一点是一件锡器价位的一个重要组成部分，"白如银，亮如镜"的点铜锡器，既保持了锡质本身含蓄内敛的亮度，又保证了器物的硬度，属于极好的上品，不少海外回流的锡器就是这样，虽百年过去了，仍然亮白如新。有的锡器颜色发青，通常是含铅量较高，杂质较多；最后是赏"工"，一赏器物本身造型，二赏附着于器物的"工"，如錾刻诗文、錾刻花鸟、山水、人物，以及嵌玉、嵌翠、嵌玛瑙、嵌琉璃、嵌象牙、嵌象骨、螺钿装饰等。

>>> 锡器的分类

锡器可大致分为两大类，一是生活用品，主要有酒具（酒嗉子、吸壶、温酒壶、炉式温酒壶、酒壶、酒杯）、 茶具（茶壶、茶盏、茶罐、茶托）、食具（火锅、果盘、食盒、保温食盒、锡碗、调羹罐）、照明用具（灯盏、手照子、吸蚊灯）、文房用具（笔架、笔洗、水盂、水注、印盒、砚盒）、闺房用具（粉盒、刨花缸、妆奁）、其他用具（暖脚壶、烟具、花瓶、雕像、盒罐、轿瓶、饰件等等）；二是祭供用器（香炉、烛台、花觚、香筒）。

对于有兴趣于锡器收藏者，可以根据自己精力和财力，先从某一个自己感兴趣的类别（例如酒具类、茶具类或者文房类等）开始，一点一点完善。或者根据区域做专题收藏，例如风格独具的广东汕头的颜姓锡器、河南的道口锡器、山东威海的锡镶等等都是不错的选择。当然，选择更有挑战的晚清以前的老锡器或者专门以把玩为目的的文人锡器都是很好的收藏专题。每每淘到一件精美老锡器，对自己的收藏专题又形成更好的完善、补充，幸福、愉悦会分享到每一个亲朋，让人久久难以忘怀。品鉴、查资料、找出处、整理、拍照，此时，工作、生活中的所有的失落和遗憾早已烟消云散。其实此时早已超出收藏本身，更成为亲情凝固的滋补良药。

广东潮汕颜姓锡器　精巧、雅致、注重雕工和装饰，喜镶嵌玉石、翡翠、玛瑙、珊瑚等珍贵饰件。清代粤省颜家的制锡颇负盛名，清皇帝曾赐赏衍圣公孔府一套 404 件之满汉全席餐具，即是汕头制锡名家颜和顺所承作的。后来颜家人于汕头多有自立门户者，但亦秉持造锡家业。尤其咸丰十一年（1861 年）汕头开埠后，潮阳制锡业就集中到汕头。由于地理位置和历史条件，汕头潮阳的锡器制品广销海外。

河南道口锡器　尽显厚重古朴，道口锡器的造型有着典型的中原的风格，集北方器物的结体厚重、古朴、端庄、敦实与厚重于一身。道口锡器不仅朴实无华、重实用，而且做工讲究，打制不

留痕，焊接不留缝，工艺高超，有着独特浓郁的地方风格。在我国近代史上，道口镇的锡器手工制造业在国内影响比较大。近 300 年来，制作道口锡器的工匠除了一部分本地锡器艺人外，大多是邻近的长垣县人及外省人。他们以道口镇为根据地，有的经营店铺，有的挑着担子游走四方，使道口锡器声名远扬。1915 年，道口锡器曾与当时的贵州茅台酒一起作为中国的珍贵特产参加了在美国旧金山举办的万国商品博览会，即现在所说的世博会。展览会上，道口锡器中的兴恒牺形辛彝锡水碗、子贽父癸锡水碗、季副锡水碗等深受各国客商的青睐。这些道口锡器不仅制作工艺高超，而且在造型设计上融合了东方的艺术审美理念，在旧金山轰动一时，荣获了博览会金奖。

山东威海锡镶 典雅古朴，独辟蹊径。“锡镶是那个时代最早能打入欧洲市场的传统技艺。”作为传统锡镶技艺民间传承人的谷祖威老人，一谈起锡镶的历史就充满了自豪。威海的锡镶工艺发祥于清朝光绪末年，兴盛于英国租占威海卫时期，已有 100 多年的历史。19 世纪末，威海谷家疃的谷宝和、谷年和兄弟在当地开办了铜锡铺，他们借鉴民间的锡补技术创造了独特的锡镶技艺。从 1890 年开始，锡镶技艺在二三十年代就闻名世界。1898 年威海成了自由贸易港，许多国家的游客到这个风水宝地休闲避暑，纷纷争相购买锡镶手工作品，作为收藏品和馈赠礼品带回国。这一商贸活动刺激了威海锡镶技艺的发展。独特的锡镶技艺、精美的锡镶产品承载着中国的传统文化走向世界。20 世纪 30 年代，威海锡镶一度成为威海对外贸易的重要出口产品之一。威海锡镶技艺现在已纳入山东省非物质文化遗产保护名录。

>>> 中国锡器收藏区域分布

在中国传统器物发展中，锡材料的应用在商代已有考古记录，亦非常广泛，由于中国南方出产优质锡矿，所以造就过辉煌的打锡工艺历史。在南方，如广东潮汕地区，湖南长沙的坡子街、北正街、理问街、福胜街，福建的漳州、泉州、永安、连城四堡，民国时曾临时作为江苏省会的镇江、以及苏州、常州和无锡，浙江永康，云南个旧，四川成都，江西的莲花路口往日都曾享誉盛名。北方地区虽不产锡，但因为人类对美好事物追求与向往的共性，故在河南滑县的道口、山东的威海和莱芜、北京的前门打磨厂，也都各自发展出手艺高超且富有地方特色的打锡手工艺。

中国锡器收藏区域分布示意图

>>> 广东潮汕颜姓锡器

仁山刻父己鼎文錾花鲤鱼保温食盒 此器物由胆、盖、暖托三部分组成。清时大户人家用以盛燕窝汤、参汤等送至老爷、小姐房中，碗放在装有开水的暖托中，可保持汤不冷。盖碗高16厘米，碗长口径25厘米，宽口径21厘米，盖碗是清中晚期广东潮阳颜义和正老店制品，碗底与器底都有“潮阳颜义和 正老店真料点铜”印记。盒侧饰以父己鼎钟鼎文。食盒盖为鲤鱼造型，鲤鱼造型栩栩如生，其上錾刻花卉纹饰流畅精美，寓“年年有余、如鱼得水”之意。

明清以来，粤东各地陆续发现锡锌等混生的矿脉。不久有关的各县境内就相继出现了许多有名的原锡产地，直至今天还遗留着与此相关的地名。潮汕的锡产量提高之后，潮阳、揭阳、海阳（今潮安）等地便都有了生产加工锡器皿的行业，其打制的锡茶叶罐、锡酒壶、锡酒杯、锡制暖炉（火锅的俗称）、锡制大碗盆盘等等名闻海内外。按潮语的叫法，凡是生产、打制销售这些锡器、铜器的小手工业作坊就叫做“拍锡铺”。时逢汕头开埠（清咸丰十一年，公元 1861 年），在此前后，各地的许多拍锡铺便搬迁或设分号于汕头埠。上世纪初，在小公园国平路“居士林”边曾有一条“打锡街”（潮语拍和打相通，本地居民总把“打锡街”巷名读成“拍锡街”）。街上共有 18 家打锡铺，原居平路食品大楼在解放前曾是“颜辉记锡器店”。在上世纪二三十年代，潮汕锡啤酒杯曾远销欧美，甚至闻名世界，多数外国人专程到中国直购锡制品。

汕头埠产的锡器皿名声远扬，许多早期的制品现在依然完好如新，成为东南亚一些潮籍乡亲的传家器物。在山东省曲埠县孔府中，现保存有一套精美绝伦的 404 件套装满汉全席餐炊具。其形制仿古代青铜食具，可以用来上 196 道菜。该套器皿的底部有印鉴，文为“潮阳店住汕头颜和顺正老店真料点铜”、“杨家义华点铜锡”。据载这套锡铜合金器皿上还各镶嵌有多种玉石、翡翠、玛瑙、珊瑚等珍贵饰件，并镂刻上花卉图案及吉祥字样，是清朝皇帝赐赠的，堪称是国宝级的精品。可见当时潮汕一带的“拍锡”工艺水平已属一流的了。

潮汕技师在制作锡器时，一般先将熔化的锡合金液浇注成平薄匀称有各种规格的长条锡片以及各种有关铸件，然后将铜锡片裁条与各浇铸件接驳起来成半成品，又在其表面刻花纹、刻字句以及打磨、上漆等（有些铜锡合金制品或纯锡制品只打磨，不上漆）。据老人们说，当年的大部分“拍锡店”是以前店后厂的形式经营。顾客需要什么样式、什么规格的器具，可以预先指定或来样定制。

“颜和顺正老店”于 1776 年已名闻天下，到光绪元年 (1875 年) 已不可闻，清末民初粤东的制锡名家“颜义和”、“颜吉兴”、“颜吉顺”、“颜兴顺”、“颜联顺”、“颜光兴”、“颜义兴”、“颜振兴”、“颜盛利”、“颜永利”、“颜奕和”、“颜奇香”、“颜洽顺”都是这当中的佼佼者。汕头（潮阳，潮邑）其他款识还有“永顺”、“奕顺”、“顺兴”、“颜隆记”、“颜增记”、“颜辉记”、“辉记”等等。

清末民初，潮汕不少颜姓后人移居香港，开创了香港制锡的鼎盛时代，由于跟英国的关系，当时大量香港精美锡器出口到海外，出口锡器主要以茶叶罐、盒、盘为主，茶叶罐多点铜、满工，或錾或刻，盒类器皿喜在器表贴铜，以花鸟居多，盘子多为瓷胎锡盘。此外，香港登龙街怡兴锡店 、联兴锡店在当地亦颇负盛名。

>>> 河南道口锡器

河南道口锡器始于清乾隆年间，又名点锡或点铜。清乾隆年间，山西洪洞县刘老艺人流转道口开设“同太”号锡店，生意日盛。他广收学徒，首先将技术传给其同乡，继而传给道口人马老体、城关人张尚义，后传给道口人李祥琛、李发彦、李宝春、张万同、张天才、杜天荣、齐成名等。这些徒弟学成后，或留原店当技师，或另开新店营业，当时的道口镇北街和南街（即现在的顺北街和顺南街）因此非常繁华。20 世纪 30 年代，仅道口北街就有锡器店 9 家，艺人 130 余人，年产锡器达到 10 万千克，制锡业盛况空前。在北街，当时规模较大的锡器店有“聚盛锡店”、“兴盛锡店”和“同兴锡店”等，大的锡器店年产锡器约 2500 千克，小的锡器店年产量也达到了 1500 千克。制作道口锡器的艺人约定俗成：凡是质量达到七成锡以上的均要在锡器上打上“点铜”二字。1915 年在美国旧金山举办的万国商品展览会上，道口锡器中的兴恒牺形辛彝锡水碗、子贽父癸锡水碗、季副锡水碗等深受各国客商的青睐，荣获了博览会金奖。《滑台春秋》中这样记述：道口锡器制作精巧玲珑、美观耐用……使用日久，声仍洪亮如铜……1933 的《河南政治月刊》三卷八期的《豫北道上》一文中也说：“最地道而又最为远近知名的道口锡器，以官秤论价，有花的每斤一元六角，无花的每斤一元四角六分，凡来道口的游人，吃烧鸡，买锡器，殆多不肯交臂失之。地方人士，又多以此二者为外出馈送之资。”道口制作锡器的艺人、已经去世 20 多年的杜天荣在世时曾说：“清朝宣统皇帝南巡时，路过淇县，道口锡器被购买一空，就连锡器店正在烧水的茶壶也未能剩下，有的官员还将特购的道口锡器献给皇上。”

锡仿紫砂双桃钮提梁壶 此器仿紫砂造型，器形饱满稳重，桃形钮，形体适中，壶壁厚实。壶高 13 厘米，重 1.4 千克。器底都有“道口 聚盛 点铜”印记。色泽柔润，含而不露，着实让人叹为观止。

关于道口锡器，在当地百姓中还流传着一些故事。据说，宣统皇帝南巡路过淇县时，晚上住在县里。当天晚上，有一个小名叫不二的小贩，常年在外经商，这天回到家乡，遇到了很长时间未见面的几个朋友，就和朋友多喝了几杯。不二半夜回家时，惊动了街上的一条疯狗，疯狗的叫声引起了周围群狗的狂叫，狗叫声惊吓了住在附近驿站里、跟随皇帝巡游的一名爱妃，这名妃子因此卧床不起。宣统皇帝大怒，当地官员在皇帝面前保证，一定要捉拿有关人等问罪。和不二喝酒的几个朋友得到消息后纷纷外逃，不二的家人也急忙劝他逃走。但不二怕自己的妻儿受到牵连，坚决不肯逃跑。兵卒抓走了不二，家人很担心他的安危，就通过贿赂皇上身边的官员，将包括粉盒、刨花缸、花瓶在内的一套道口锡器献给皇上，希望以此减免不二的罪行。当宣统皇帝看着这套外表呈灰黑色的器物发怔时，只见不二的家人不慌不忙，取出随身携带的一块白布，在这套器物上来回擦拭。不多时，只见几件器物现出了明亮的光泽，而且器物制作精巧雅致，闻起来还有淡淡的清香。宣统皇帝大喜，把锡器赐给了爱妃，那位爱妃见了锡器也是爱不释手。宣统皇帝大悦，免去了不二的罪行。

中原文化的精髓之一是殷商青铜文化，可以说，道口锡器文化是殷商文化的延伸与发展。由于出产在豫北，所以道口锡器的造型有着中原的风格，与南方锡器相比稍欠精巧，但却体现出了北方器物的敦实与厚重。道口锡器艺人也曾加工制作过南方样式及西北、西南少数民族地区风格的器物，特别是清末民初，道口锡器艺人研究东南西北、古中外的器物款式，对锡器造型进行了大胆的创新，形成了独特的地方风格。

20 世纪 30 年代，道口有名的锡器店有 20 多家，地名标道口的有“聚盛”、“兴盛”、“祥盛”、“裕盛”、“广盛”、“松盛”、“铜盛”、“同盛”、“兴盛公”、“万盛隆”、“万家”、“义兴”、“义盛”、“义聚”、“万聚”、“广聚”、“合聚”、“聚盛兴”、“兴盛义”、“聚盛和”、“合记”、“仲记”、“广兴隆”、“同泰”、“盛义”、“卫郡”、“振兴”、“宫南居”等，其次尚有少数标注地名为滑邑和安阳的，款号分别是“滑邑同义自造”，“安阳工艺局造”。

>>> 山东威海锡镶

19 世纪末英租威海卫时期，谷祖威的爷爷辈谷宝和、谷年和兄弟在东码头附近开办了和成铜锡铺。关于威海锡镶的出现有两种说法。一种说法是是谷祖威的爷爷爱喝茶，一日不小心把心爱的茶壶嘴弄掉了，不舍得扔掉，锡匠出身的他经过琢磨用锡做了个壶嘴镶上去了，不仅不影响功能，还非常美观。不料，这种锡嘴壶竟然受到当时在威的英国人的狂热追捧。颇有经济头脑的爷爷从此专门做锡嘴壶生意———买来茶壶打掉壶嘴，改用锡镶。不管出产多少，产品总是被英国人抢购一空。红火的势头带动周围的铁匠铺纷纷改行做锡镶生意。另一种说法，据传英国人到了威海卫，也学着中国人的样子用泥壶泡茶喝。一次一英国人不慎把壶嘴弄掉了，扔了舍不得，便拿着壶到锡铺去求他们想办法粘上去。在当时，泥壶嘴是无法粘上去的，而聪明的工匠却用锡做了一个壶嘴镶了上去。英国人见了甚喜，其朋友见了也想要，便把自己的壶嘴有意识地打掉送到锡铺去，另镶了一件。颇有经营头脑的店主见状，便打掉了一批壶嘴，制作了一批镶锡壶嘴的茶壶摆在柜台，结果很快被抢购一空。后来壶的外表也镶上了龙，也增加了不少花色品种。

据史料记载，上世纪二三十年代，威海卫经营锡镶业的店铺最多时曾达几十家。制作技艺不断进步，锡镶部位从壶嘴逐渐发展到壶全身，出现了龙凤、花鸟、文字等精美图案。锡壶种类也由茶壶扩展到牛奶壶、糖罐、花瓶、看盘等十几个品种。同时，锡镶附着的器皿材料也从紫砂发展到了玻璃、瓷器、木器、竹器等各种材料。也正是在这个时期，锡镶技艺迎来了全盛时期，一度成为当时威海卫对外贸易的支柱产品，产品远销英国、法国、新加坡等多个国家以及国内十多个大中城市。

锡镶制作工艺的复杂繁琐很少为人所知。锡镶技艺全靠手工完成，工具有很多，光錾子就要70多种。一个毛坯锡龙，有龙眼、龙鳞、龙爪、龙须、龙珠等，就要用到近10种錾子。而全套锡镶技艺要经过冶炼、铸治、锻打、镂雕、焊接等十几道工序，颇为讲究。主要工艺流程是将锡合金通过金属冶炼、模具浇铸、手工镂雕等几个阶段制成各种图案，然后镶嵌到宜兴的紫砂茶具上，经过精心焊接、打磨和抛光，使其最终成为精巧美观的实用艺术品。早期的镶制纹样较多的表现为龙的纹饰，因为龙是中华民族的象征，在中国传统的吉祥图案中占有首要的位置，是内涵丰富的文化符号，以至后来在工序上也形成了“倒龙”、“錾龙”、 “镶龙”等行内语言。

威海卫紫砂锡镶壶 此壶的外表是两条用锡片精雕的龙镶嵌的，壶嘴纯锡制作，壶底有“威海和成锡店”和“威海和成监制”字样。

“倒龙”是将锡融化，浇铸到刻有龙形图案的石质模具内，从模具倒出来的平板龙仅具有外形，待冷却后再进行下步工序；用专用錾子打上龙角、龙须、龙鳞等纹线，称之为“錾龙”，这一环节至关重要，线纹打的深浅、粗细、匀称都直接影响到龙的外观效果，需要熟练的手工才能做好，然后用铜线嵌打上龙眼，锡龙便生动活现；“镶龙”是在龙的周围配合以钱纹、云纹、结纹、寿字、宝盆等民间吉祥图案相连，经过精心焊接，使龙装饰锡片与壶颈、壶嘴、圈足衔接，附着于壶身，几道工序下来，镶制初具完成。锡镶茶壶讲究部位合理、锡片厚度适中、造型比例协调、图案美观、主次分明，不仅使茶壶美观增色，而且充满了吉祥的寓意。待完全镶合后，最终的打磨和抛光同样重要，要使用桑叶和北方河边生长的沐泽草，晒干后擦拭，既不伤锡片表面，又有光滑、明亮、好看的效果。

壶盖外部通常全部包锡，嵌“光绪通宝”黄铜钱在盖中通气孔之上，壶颈、圈足以及壶嘴的边缘嵌上铜线，铜锡相间，技术含量可见一斑。据老人们讲，镶壶的作坊从宜兴订购紫砂壶的时候是点名不要壶嘴的，通常是以浇注成型的壶嘴镶与壶体，制作工艺更是精致讲究。做好的锡镶与壶身浑然一体，好像身披铠甲的武士，给人一种结实厚重的美感。

威海锡镶有“同庆顺”、“合成”、“和成”、“新和成”、“合盛”、“文华顺”、“德玉款”等商号，亦有“威海卫”和“德恩垂・劳治”款的，这是威海卫的工匠们专门为马克索尼俱乐部制作的。马克索尼俱乐部是国际慈善组织共济会的分支机构，是英国人德恩垂・劳治与部分英国海军官兵于 1902 年在刘公岛上创建的，1902 ~ 1940 年期间活动相当活跃。1940 年日军占领刘公岛，英军撤出之后转移到香港继续活动，直到日军占领香港才停止活动。

收藏威海锡镶时要注意的是区分早期上世纪二三十年代的产品，上世纪 80 年代“新和成”恢复生产，以工厂的模式进行规模化生产的产品，以及“山寨锡镶”的工艺与传统锡镶的工艺有诸多的不同之处。

>>> 山东莱芜锡雕

锡雕又称瓜雕，是中国乃至世界一门独特的工艺，有三百多年的发展历史。明清时期锡雕在民间已相当盛行，莱芜制锡艺术在清朝乾隆年间得到高度的发展，达到莱芜锡加工工艺发展的鼎盛时期。当时从事锡加工制作的业者不下千人，器物主要以生活用品和礼器为主。据传，当时到处是打锡卖锡的吆喝声，加工作坊主要分布在现山东省莱芜市杨庄镇、寨里镇一带，由于时人大多崇尚锡制品，婚丧嫁娶、馈赠亲朋好友更是以锡制品为贵，因此，锡加工成为当时莱芜重要的手工业之一，也是村民农闲时的主要经济来源。

1780 年，莱芜城西关制锡世家王家，综合多种艺术，创制了第一批锡雕制品，主要是配套茶具、酒具，该批制品已脱离单纯生活用品的范畴，上升到了以艺术欣赏为主题、兼具实用性的艺术层面上来。以后，经过几代人的努力，雕制工艺不断提高，创造性地应用了浮雕艺术和镶嵌技法等，形成了独特的工艺技巧和精湛的构思设计，用这种技术和工艺生产的锡雕产品，洁净光亮、幽雅别致、

锡雕鲤鱼茶壶 整壶以鲤鱼造型。提梁镶嵌墨玉，鱼嘴即为壶嘴，造型优美，洁净光亮，优雅别致，独具风韵。一切皆源自生活，把玩在手，让人爱不释手。壶高 21 厘米，长 25 厘米，宽 12 厘米。

玲珑剔透、独具风韵，成为莱芜当时集锡制品之大成者。文人雅士纷纷到王家定制各种器皿，能拥有一件王家的锡雕制品，成为当时上层社会地位和身份的象征。从此，莱芜锡雕以造型美观、技艺精湛、独具一格而著称于世。锡雕一问世，就受到朝廷的垂青，成为贡品。曲阜博物馆珍藏的满汉全席锡制餐具，即为鲁王工坊第三代传人王业普（字元吉）所做，是乾隆为女儿出嫁时专门定制的嫁妆，资料记载为："乾隆女儿婚嫁到曲阜，由京派人到莱芜定做"。

在公元 1914 年美国全球物品展览会上，锡雕荣获"巧手如神"、"巧夺天工"两大金奖；南洋展览会荣获最优龙牌奖；鲁王工坊第五代传人王俊亭（字洪熙）的作品在公元 1915 年巴拿马万国博览会上获得国际银质奖，使莱芜锡雕艺术从此走出了国门，走向了世界。 莱芜锡雕 2008 年 6 月被国务院列入第二批国家级非物质文化遗产名录。

>>> 浙江永康锡雕

永康锡艺的起源，史籍虽无明确记载，但至少可上溯至宋代。在浙江永康，打锡工匠世代相传，从业者众多，主要集中在芝英、古山一带，并以芝英三村、岘口村、练结村最负盛名。2008 年，永康锡雕入选第二批国家级非物质文化遗产名录。

>>> 福建泉州锡雕

唐宋时期，福建泉州的锡雕工艺随着泉州港的繁荣而逐渐发达。到了明代，从事锡雕的商铺越来越多，一条专业打锡巷应运而生。清朝最繁盛时，这条当时仅有两三米宽的小巷，除了剪刀铺和染房外，仅打锡铺就有二三十家之多。 当时的泉州人做嫁妆，以锡制品多少论排场，称为做妆奁。大户人家的祀桌、客厅摆设和整套日用品都用锡来制作。有的还专门从东南亚买回纯锡，请三五位锡雕名匠上门做半年。

>>> 江苏镇江涌兴裕铜锡器和常州南大街西瀛里锡器

涌兴裕铜锡器　该锡器店是江苏镇江有名的铜、锡日用器皿和乐器的手工作坊，由镇江回族人杨星斋、杨伯山兄弟经营，产品质量上乘，行销江淮流域。

京口现在是江苏省镇江市的一个区，北临长江，对岸就是扬州的瓜州渡。六朝时期，京口是长江下游军事重镇，原属扬州丹阳郡丹徒县。东汉建安（196 ~ 219）中，孙权治此，称为“京城”；及迁建业，改名“京口”。

除去镇江“涌兴裕”，尚有九江“涌兴裕”，这是一个家族连锁性质的老店。老板金恒仁，号聘三，江苏镇江人，回族。该店早年主要经营铜锡手工制品，声誉远播长江中下游，至今流传下来的酒壶、烛台、灯盏之类器具，颇受当代收藏家珍爱，我们可以从一段旧时的广告词中，触摸到老店的繁华。

点铜提梁茶壶　壶高 16.5 厘米，长 13 厘米，宽 13 厘米。重 1.5 千克，底有款“京口涌兴裕造点铜”。

1930 年，九江“涌兴裕”的广告称：“本号开设九江四十有年，专售五金材料、各种油漆、经理鄱乐烟煤、开滦焦煤、上海象牌水泥，唐山马牌水泥，本埠大中华裕生各种安全火柴、慎昌洋行奇异……概归本号独家经理，各种电器材料均皆全备。如蒙惠顾以及大宗采购，价当格外克己，籍答雅意。”

常州南大街西瀛里锡器　常州最早的铜锡器铺以南大街、西瀛里等地的“源成”、“义丰”、“裕成泰”为盛。

>>> 湖南长沙坡子街理问街锡器

湖南省长沙的坡子街和理问街、北正街、福胜街，生产的锡器精美，且有一定数量存世物，坡子街火宫殿正对门的杨震泰锡器店出产的点铜锡器尤为精美。俗话说得好，铜中无锡难成器，战国时期出土的名剑，一般其剑脊含铜较多，韧性好，不易折断。而剑刃含锡量高，增加其硬度，异常锋利。同样道理，由于锡的物理特性，

錾花三足鼎式香炉　此器为美国回流物品，香炉满工錾刻花鸟纹饰，款识为“湖南省 坡子街 杨震泰造 净点包用”

纯锡也打制不出高质量的器物。杨振泰锡店的锡器跟潮汕地区的颜姓锡器一样，对锡铜合金的理解达到了登峰造极的地步，历经百年依稀可见当年的亮如镜，白如银的风姿，加之锡金属本身色泽柔润，张而不扬、含而不露，着实让人叹为观止。

>>> 宁夏同心锡器

在宁夏同心县，但凡回族家庭，必有金家锡制品。曾经在同心，金家锡制品可谓名噪一时，几乎垄断了同心市场。同心的锡壶制造工艺始于清光绪年间。光绪年间，金家祖上在东北一带做学徒，学过诸多手艺，但流传到金玉林父亲手里时，就剩下锡壶制作一门。

6 岁便开始随父学习锡壶制作的金玉林，上世纪 50 年代和父亲在同心城里经营着一家叫“金家锡店”的作坊。临街而设的小店，亦铺亦坊、设施简陋，木制橱柜摆有成品或半成品锡器，柜台外即是作坊。过往行人只需停下脚步，便可见金家锡制工艺的部分流程。由于是祖上传下来的手艺，父亲一直秉承传内不传外的祖训，所以除了金家人，偌大的同心城，没人懂锡壶手艺。

当时，同心大多回族用品以外地锡器皿为主。很快，金家锡制品便以其工艺独特、造型美观、做工精细、图案肃穆受到当地回族群众的喜爱，人们也习惯称金家人为“金锡匠”。制作锡壶的材料是金家从银川购进的。上世纪 50 年代，一千克锡 1.6 元。加工好的一把锡壶，一般论斤出售，一千克 3 元。一把锡壶，至少 2 千克，可卖到 6 元左右。这个价，再加上金家锡壶在同心县的垄断地位，卖锡壶的收入足以让金家过上丰衣足食的富足日子。随着金家锡壶的名气越来越大，金家开始尝试用锡制作其他穆斯林用品，诸如茶壶、水壶、汤壶、贮罐、杯盏等。

金家锡茶壶 作为非物质文化遗产的两只金家锡壶，陈列在同心文化馆展厅里。

>>> 云南个旧锡器

云南个旧的锡制品有 300 多年的历史，最初的锡器制作可追溯到明朝。早期的锡制品多注重实用，以生活用品为主，主要品种有香炉、烛台、油灯、花瓶、酒具、小碗等。锡制品从艺者多为世代相传，技艺也较细腻，艺人们都善在小巧玲珑的锡制品上雕刻人物、花草、鸟兽、山水、鱼虫等国画风格的图案，其装饰极为精美，造型也尤其典雅，颇受远近客商所喜爱。清代时期，云南、四川、贵州、广西一代地方的姑娘出嫁，娘家都要陪嫁一套锡器生活用具，如锡茶壶、锡酒具、锡花瓶、锡盆等，这种陪嫁在当时再时髦不过了。稍富裕的人家更是讲究，供桌上的油灯、烛台、香炉、弥勒佛，以至餐具也少不了用锡器，而且用的越多越显身价和富贵。

木柄锥形个旧茶壶 款识“个旧罗乾元号特造上锡器皿”。

清末，个旧出现了走街串巷的“小炉匠”，这些手工艺人白天在街头为人们修锅补盆，顺便收点散锡，晚上闲暇时打制一两件烛台或是酒壶，次日放在挑子里把它卖掉。在积累起一定的资本之后，便开起了固定的堂号专门打造锡器，以致越来越多的锡工艺作坊在九孔桥附近聚集，形成了一条专门制作锡工艺品的“锡行街”。锡行街锡器生产作坊、店铺达几十家，从事锡器制作的工匠超过百人。当时制作的产品主要是酒杯、酒壶、茶壶、茶筒、烛台、香炉等各种日常生活类器皿用具和各种鱼、虫、鸟、兽等动、植物饰品，产品除满足国内市场外，还销往法国、日本、香港、缅甸、泰国等国家和地区。民国时期，锡制工艺品世家、个旧当地人李伟卿设计制作的“关云长勒马望荆州”锡制品，人像和马形的神态都十分逼真，雕刻工艺也十分考究，关云长衣帽边沿均用锡丝镶嵌，整件作品完全用小刀小锤敲打而成，打磨极为细致，显得格外地光彩夺目、典雅华贵，代表了当时的锡工艺水平，这件工艺品曾参加巴拿马亚太博览会，并荣获特等奖。解放后，李伟卿之子、已故中国工艺美术大师李宗泽设计和参与制作的锡制小水烟筒、笔筒、笔洗、花耳香炉、唐马、凤烛台、牛顶罐 7 件锡工艺品，同样被国家征集为永久收藏保存的一级珍品。

1978年，个旧市挂牌成立了第一家锡工艺美术厂。2010年，云南省个旧市申报的“斑锡制作技艺”，入选第三批国家级非物质文化遗产名录。

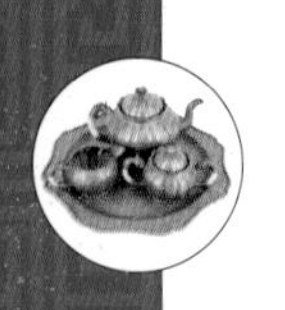

>>> 江西莲花路口锡器

“打锡么？锡匠师傅刘师傅，你是江西那一府？”“你问得清来我讲得明，我来自江西莲花厅……”，随着一首古老民谣的传唱，一个相传1000多年的传统手艺，终于在改革开放之后，离我们的生活渐行渐远。相传，唐朝贞观年间，一锡匠流落江西莲花路口街头村，以打锡谋生。因为他的手艺好、生意兴隆，街头有许多人向他学艺，就这样，打锡手工技艺在莲花流传下来。经过无数代民间艺人的钻研传承，莲花锡艺越来越如火纯青。据传，清康熙年间皇上曾下旨由街头锡匠打造锡钱币，流传至今只有一枚以锡为材料的《康熙通宝》。据《莲花县志》记载：“街头村的锡匠居各行业人数之最。”以街头为中心，包括路口、庙背村的锡匠师傅就多达300余人。1921年莲花县路口镇庙背村发现了一批锡祭器，共32件、16套，每件器物都有近20厘米长的把柄，把柄上方镶嵌着各式各样的乐器造型、八卦图、生肖等图案。据村里的老人回忆，民国初期，天花泛滥，为了防止小孩得天花而丧命，当地人就打制了这批祭器。

莲花路口关刀祭器 该批锡制祭器共有16套，32单件，每套锡器上的图案各不相同，造型逼真，图案栩栩如生。

仙鹤立像锡雕 此器为海外回流物品，器高 46 厘米。整器以锡材打制而成，工艺精湛，设计巧妙，鹤身及翅膀錾刻羽毛纹饰流畅精美。

>>> 福建连城四堡锡器

打锡是福建连城名乡四堡流传数百年的传统工艺，四堡锡器工艺以其制工精巧、造型优美、色泽明丽、品种多样而名播遐迩，历代四堡都出过颇有名气的打锡师傅，他们创作的许多工艺精湛、造型别致的锡器工艺品数百年流传下来，成为无价之宝。如明代制作的“金钩壶”、“八角茶壶”、“宝鹤壶 ”、“双鹤烛台”、“双喜烛台”、“锡塔”、“锡鼎”、“角端”等等，造型优美，雕刻精致。相传，明朝万历年间，枧头村出过闻名全国的“锡状元”吴一龙（1530 ~ 1610 年），为皇宫打制的锡龙能在水中或浮或沉，若隐若现，恍若真龙，成为百年流传的美谈。清乾隆年间，留坑村有位打锡师，打制一对仙鹤烛台，只要微风吹动，或在旁边拍拍手，“仙鹤”就会徐徐展翅、翩翩起舞，后将此物进贡皇上，被皇上封为“仙鹤神师”。据统计，清代中叶四堡地区有打锡人达 500 多人。连城四堡锡器现在已纳入福建省非物质文化遗产保护名录。

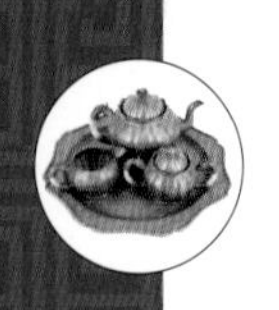

>>> 福建永安锡器

福建永安锡匠，据旧县志云：明清两朝“仍属汀州人”。民国时期，有浙江籍名锡匠胡降海在永安城关设铺开业，并收有多名徒弟。民国 27 年（公元 1938 年），永安锡器业最辉煌的时候，较大的铺面有：振兴锡器店、艺兴锡器店、隆兴锡器店、文通锡器店等四家，宝号店东分别是：胡振兴、包国文、胡隆海、胡文通，主要分布在新街、中华路一带。永安锡器现留存于世的以清代和民国时期的居多，明代旧器已极少见。永安的锡器民俗文化内容十分丰富，精美的锡器多配有图文，如烛台有雕刻或镂空的“福、禄、寿、喜”等文字。锡器上常见图案有：龙凤、仙鹤、喜鹊、兰花、水仙、牡丹等珍禽异兽、花鸟鱼虫、神话传说、民间故事等，散发着强烈的民族文化气息。

>>> 河北武安锡器

武安锡器工艺简单，装饰不多。在河北武安，相对别的村庄，锡匠最多的村庄当属南小河，好几个家族世代为锡匠。南小河锡匠主要是柳、韩、李、孔四家，柳姓最先从事，明代移民，老祖宗从山西把这门手艺带到了南小河，大约有 200 多年的历史了，只有韩姓（韩何庆，技艺精湛，算是业内的名家）一家几代人在城里南关街开过铺子，其他为担担子走街串村。人们打造的用品最多的是锡壶（酒嗉子）、蜡台（蜡签子）和茶壶，其中蜡台（蜡签子）和茶壶这两样是当时武安出嫁闺女时的常用陪嫁品。除此之外，还做吸壶、碳火盆儿、锡碗、锡酒杯、暖脚用的扁圆暖壶。一般锡匠自己不带料，谁打东西谁自己拿锡料，那些锡料主要是废旧的锡壶和锡蜡台。收入主要是小米，给现钱的不多，一个锡壶 5 斤小米，一个蜡台得 30 多斤小米。工艺简单，装饰不多，不像其他地区的工匠那样对锡器精雕细刻，加上许多文饰和图案。在武安最常见的装饰便是锡壶盖上的小动物，既是一种装饰，也是掀盖时的抓物。常见的动物为小狮子、小鸟、小猴子、小兔子、小鸡、小狗等。除此之外，还有小葫芦、小桃子、倒圆锥体等。这些小动物均是用石头模子铸造的，实心儿。模子是长方体的，一个模子上面就有好多小动物，把壶盖中间弄个眼儿，倒放在模子上小动物的眼儿上，然后从壶盖中间的小眼儿拿小勺子舀点儿锡水倒入，把模子打开，一个小动物就和壶盖铸在了一起，不用再烙铁焊接了，多余的一点锡水凝固在壶盖内部中心上，形成一锡点。再有就是加铜包铜，比如系子用铜的，或系子用铜固定，或用铜片包壶嘴儿，或在其他处加点铜装饰，这些都属于铜锡焊。还有就是做蜡台，在武安比较流行的蜡台为葫芦坐瓶式，因为这种蜡台的中间部分为宝瓶上坐葫芦而得名，做蜡台时要做两个肚儿的小葫芦和宝瓶，做这两样儿比较费时，算个小装饰。至于其他比较复杂的装饰，比如像河南道口点铜工匠那样在壶面上雕刻或錾点儿花草树木、人物故事，在壶把手上雕龙焊凤等，在武安锡匠中没人做。

>>> 北京前门外潞城锡器

清朝时，乾隆皇帝非常器重晋商中的潞州人，一是因为被潞州人做出的各类铜锡用品的高超手艺所折服；二是潞商的信义厚道和勤奋敬业。 从这位皇帝身上，潞商凭借自己的实力和努力"赚"到了一次御赐的买卖。这是乾隆十五年（1750 年）的事。一日，乾隆帝外出巡访回京，路过安定门外，叮叮当当的做铜锡器的声音吸引了他，只见 50 余家铜锡铺干得热火朝天，匠人们手中的铜锡产品个个精妙绝伦。乾隆深受感染，回宫后便将紫禁城要铸造 300 口鎏金大铜缸的任务按每口缸铸造费 500 两白银拨款，交给了在京城潞城的铜匠去铸造，并允许铜匠在大铜缸上铸铜锡铺的字号作为纪念。

清乾隆初年，故宫里的铜缸并没有现在的这么多，只置于太和殿、中和殿、保和殿等处三、五口。有一次，乾隆皇帝从老师的口中得知，鎏金铜缸并非是为了点缀茶壶门面，而是镇火灭灾之物，名谓"门海"，亦称"吉祥缸"。当时在京的制铜业几乎全被潞城的铜匠所垄断，所以给皇家造铜缸的这项工程便自然落在了潞城铜匠的肩上，以"泰德号"牵头，就像今天的承包一样，将潞城在京的铜匠全部组织起来，经过精心设计，精细采铜，日夜冶铸，共用铜 3392 千克，历时 3 年，一口口铸制精美、金碧辉煌的大铜缸陆陆续续地摆在了皇上居住的紫禁城里的太和殿、中和殿、东宫、西宫门前，铜缸底铸有"潞城县三井村牛氏铜匠泰德号"字样。精妙绝伦的铜缸，使得乾隆皇帝兴奋之余，御笔一挥，写下"登天铜府"四个大字，并令制成巨匾赏赐给为他铸造铜缸的潞城"泰德号"。于是，在京城"泰德号"门前，"文官下轿，武官下马"，此事传到家乡，当时便轰动了整个潞安府。

前门打磨厂万昌号 此器高 9.6 厘米，径 14.3 厘米。素身，造型含蓄优雅。选材精良，做工考究。实为不可多得之精品。

潞城铜锡匠利用给皇家制造铜缸的机会进一步提高了自己的知名度，声名大振的匠人们从此便将铜锡生意一脚扎稳在了天子脚下，潞商的铜匠铺红红火火经营了二百余年。到民国初年，在京城的安定门外、前门外、崇文门外潞商的铜匠铺最多时发展到 130 余家，有泰德号、泰兴号、宝山号、永盛号、合义号、天盛号、源裕号等等数不胜数的老字号，他们为雍和宫铸铜佛、为颐和园铸铜殿、为外国驻华公使馆铸铜招牌，也为京城的老百姓铸造些锅碗瓢盆的小铜锡器。民国版的《平顺县志》记道："打造铜锡银器之小营业者，业铜炉房锡腊铺者，实攫平津之霸权"。诸如铜火锅、铜暖手炉、铜盆、铜镜一类走进了千家万户，这些产品不仅实用，而且工艺精伦绝美，如今已成为人们争相收藏的珍品。

现打磨厂街存世物较多，打磨厂街位于北京前门正阳桥以南东侧，长三华里，在明朝初年形成。因有多家打磨铜锡器和石器的作坊而得名。清代中期，打磨厂街的西半部，又开办了万昌号、合义号铜锡店等诸多店铺，尤以万昌号锡店在当时最负盛名。万昌号的锡器选材精良，做工考究，保真保质，特别是中上等人家都以使用万昌号锡器为荣。

民国时期　　北京前门 合义号铜锡老店广告招牌—合义号铜锡店 打磨厂移此

民国时期　　北京前门 万昌号铜锡店

食 具

仿古和田玉双耳三足保温食盒

高：18cm

参考价：RMB 41, 000 元

錾花富贵永昌保温食具
直径：52.8cm
参考价：RMB 175, 000 元

珐琅六宝拼盘

直径：48cm

参考价：RMB 13, 000 元

錾花莲瓣荷叶纹果盘

高：8.5cm

参考价：RMB 4,100 元

錾花鱼形保温食盒

高：17cm

参考价：RMB 52, 500 元

椰壳锡胆寿字八宝花卉捧盒
高：11cm
参考价：RMB 3, 300 元

錾花红绿料子钮调料罐

高：15cm

参考价：RMB 10, 100 元

诗文花食盒

高：24.2cm

参考价：RMB 12, 600 元

錾花三层大食盒

高：20cm

参考价：RMB 11, 900 元

仿古鱼化龙双耳保温盒

高：17cm

参考价：RMB 22, 100 元

錾花鸭形保温食盒

长：32.3cm　高：28.8cm

参考价：RMB 12, 900 元

錾花嵌和田玉玛瑙保温盒

高：13.5cm

参考价：RMB 32, 200 元

仿古双龙翡翠龙耳食盒

高：14cm

参考价：RMB 11, 000 元

刻花蝙蝠纹方火锅
高：16cm
参考价：RMB 3, 400 元

錾花嵌玉翠果盘

直径：21.5cm

参考价：RMB 3, 900 元

刻花铜包边玉柄叶形盘

长： 19cm

参考价：RMB 5, 200 元

仿古嵌翠如意钮保温食盒

高：17cm

参考价：RMB 44, 800 元

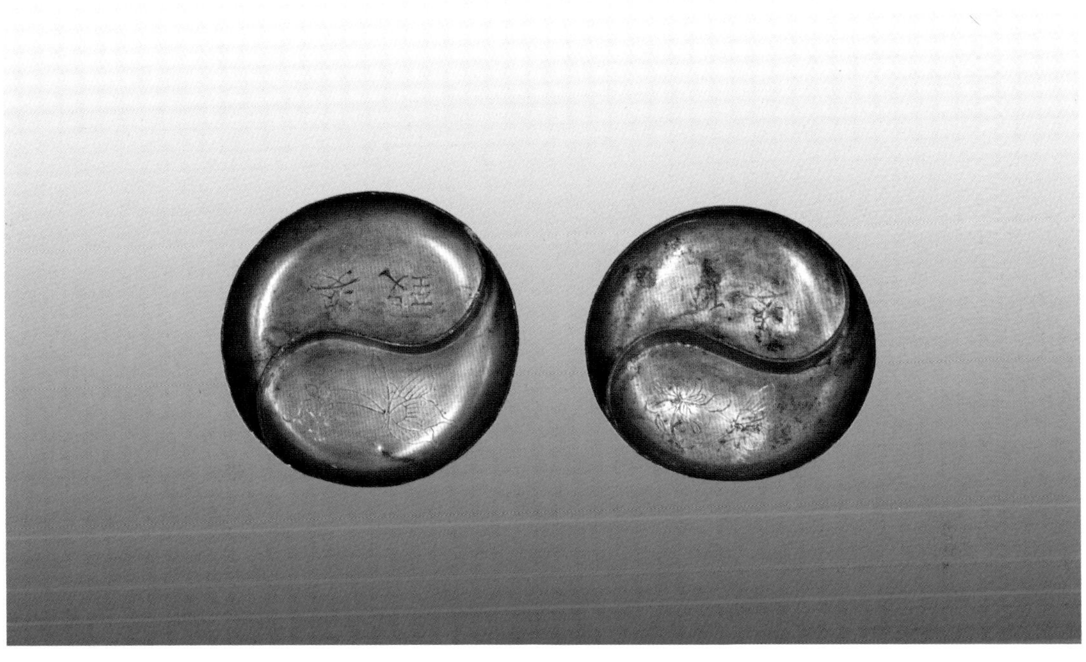

刻花太极盘

直径：8.9cm

参考价：RMB 3, 200 元

錾花嵌铜鱼形盘

长：45cm

参考价：RMB 4, 600 元

提梁食盒

高：36.9cm

参考价：RMB 1, 400 元

珐琅六宝拼盘
直径：34cm
参考价：RMB 11, 600 元

墨玉提梁鱼形盖
长：50.7cm
参考价：RMB 2, 400 元

玉柄叶形盘
长：15.2cm
参考价：RMB 1, 800 元

瓷内胆包锡盘
直径：10cm
参考价：RMB 600 元

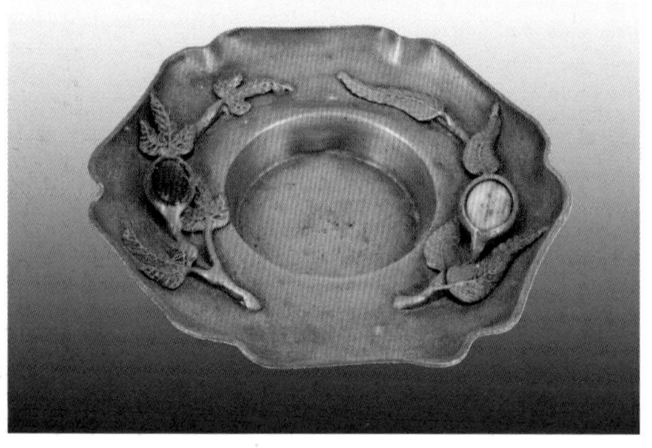

嵌翡翠玛瑙盘
直径：11.2cm
参考价：RMB 1, 500 元

铜包边叶形盘
直径：17cm
参考价：RMB 600 元

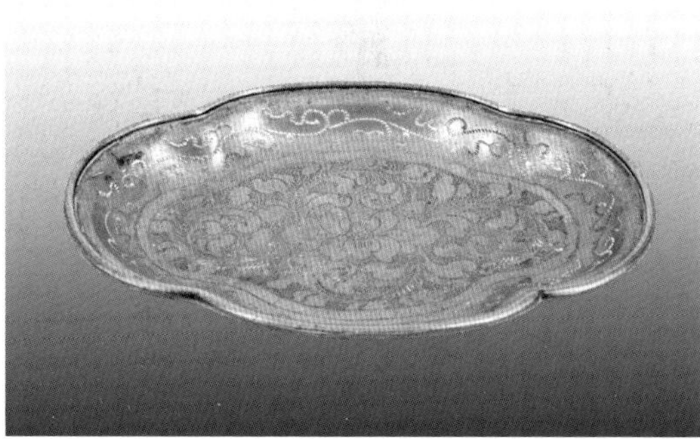

錾花点铜小盘
长：8.6cm
参考价：RMB 3, 500 元

瓷内胆包锡盘
直径：15cm
参考价：RMB 1, 300 元

嵌玉柄叶形盘
长：16.6cm
参考价：RMB 1, 500 元

嵌料子鱼形盘
长：16.6cm
参考价：RMB 700 元

瓷内胆包锡盘
直径：15cm
参考价：RMB 900 元

嵌玛瑙叶形盘
长：12.5cm
参考价：RMB 1, 500 元

嵌和田玉柄叶形盘
长： 26cm
参考价：RMB 4, 100 元

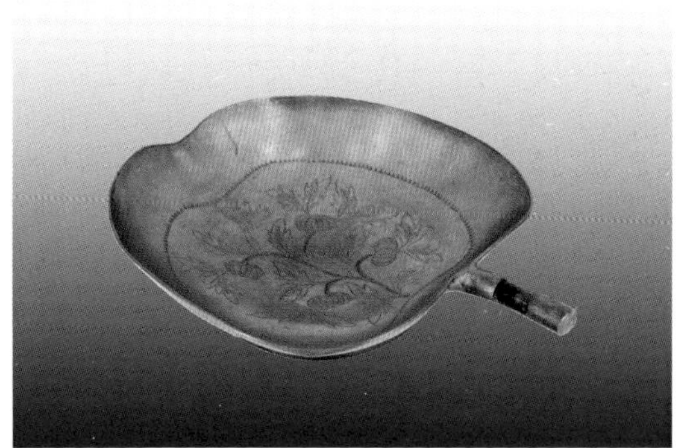

嵌玉柄叶形盘
直径：14cm
参考价：RMB 3, 200 元

瓷内胆包锡嵌铜盘
直径：22cm
参考价：RMB 1, 700 元

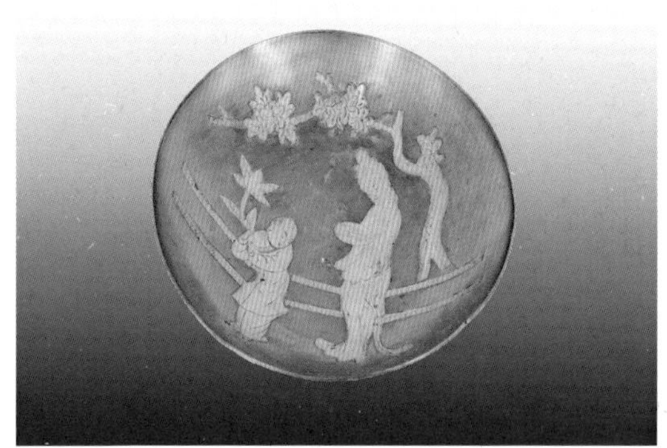

嵌铜人物盘
直径： 18cm
参考价：RMB 1, 800 元

嵌铜寿字盘
直径：21cm
参考价：RMB 2, 000 元

瓷内胆包锡盘
直径：20cm
参考价：RMB 1, 300 元

嵌铜嵌玉玛瑙柄叶形盘

直径：19cm

参考价：RMB 2, 200 元

瓷内胆包锡盘

直径： 20cm

参考价：RMB 1, 300 元

嵌玉柄叶形盘

长：30cm

参考价：RMB 2, 300 元

桃形盘

直径：14.3cm

参考价：RMB 500 元

瓷内胆包锡盘

直径：15cm

参考价：RMB 1, 200 元

包锡口小罐

高：11.5cm

参考价：RMB 200 元

嵌玉玛瑙叉子

长：26cm

参考价：RMB 600 元

刻花嵌玉勺子

长：25.2cm

参考价：RMB 1, 100 元

彩绘三层食盒

高：17cm

参考价：RMB 1, 800 元

漆金筷抽子

高：17cm

参考价：RMB 300 元

嵌铜碗

直径：20cm

参考价：RMB 1, 200 元

嵌铜碗

直径：15.5cm

参考价：RMB 900 元

火锅

高：17cm

参考价：RMB 500 元

火锅

直径：18cm　高：12cm

参考价：RMB 600 元

椰壳锡胆寿字八宝花卉捧盒

高：7cm

参考价：RMB 3, 800 元

錾花瑞兽钮盖杯

高：9cm

参考价：RMB 2, 400 元

锡胎椰壳八宝花卉碗

直径：12cm

参考价：RMB 2, 700 元

嵌玉翠叶形钮参汤罐

高：15.5cm

参考价：RMB 2, 000 元

茶　具

錾花墨玉提梁鱼形锡雕茶壶

高：19cm

参考价：RMB 79, 200 元

刻花点铜仕女盘

直径：28.3cm

参考价：RMB 4, 500 元

描金漆人物木箱内置錾花象牙钮茶罐

高：13.5cm　长：20cm　宽：13.5cm

参考价：RMB 53, 900 元

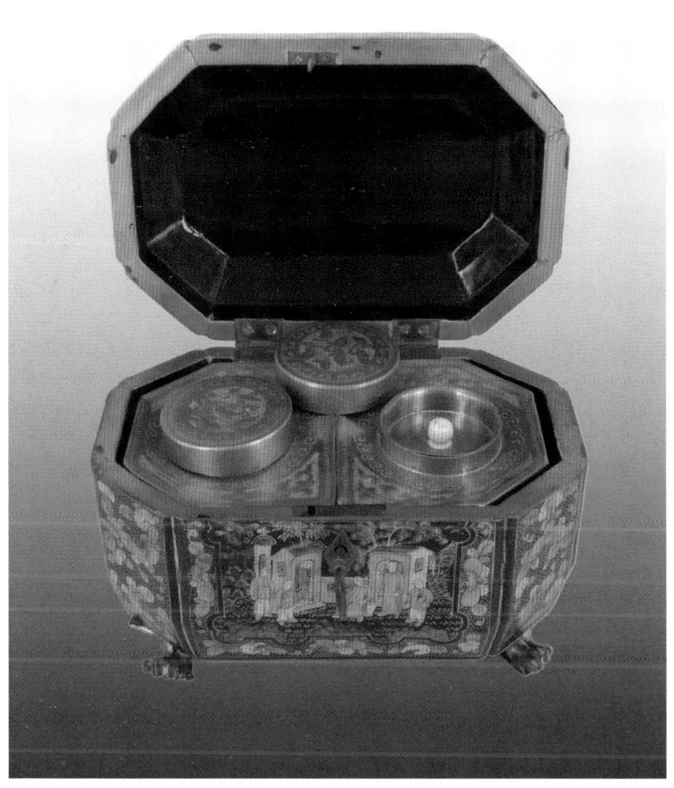

木箱呈八棱型，描金人物故事，内置满工象牙钮茶罐。此器为英国回流物，应为当时专门为英国定制产品，茶叶在二三百年前的英国非常金贵，所以用来盛放茶叶的器皿也小巧精致，因此在茶箱和茶罐的设计制作上，为贵族服务的手工艺人可以算是极尽所能，镶嵌、雕刻、镂空、水晶等艰深工艺，贝壳、玳瑁、金银等稀有材料能用的都用上。所有的茶罐都是放在带锁的茶箱里，钥匙则掌管在主人那里。如果有客人来访，仆人把茶箱摆放在茶桌的正确位置上，由主人打开茶箱，泡茶献给客人。

威海卫和成老店紫砂锡镶壶

高：11cm

参考价：RMB 10, 800 元

海水云龙纹錾花茶具一套

盘 直径：32.6cm

大壶 直径：13.6cm

小壶 直径：12.6cm

参考价：RMB 13, 000 元

和顺老店锡包瓷茶托一组

长方形盘　长：10cm　圆盘　直径：9cm

参考价：RMB 17, 600 元

漆金浮雕蝙蝠盏托一组

长：15cm

参考价：RMB 4, 500 元

刻花三娘教子茶罐

长：25.3cm

参考价：RMB 15, 300 元

嵌玉翠玛瑙茶具一套

大壶 直径：18.6cm

小壶 直径： 6.8cm

参考价：RMB 9, 900 元

嵌玉翠玛瑙茶具一套

盘 直径： 43cm

参考价：RMB 18, 200 元

仕女山水诗文提梁茶壶

高：13cm

参考价：RMB 17, 200 元

威海卫文华顺紫砂锡镶

高：12.5cm

参考价：RMB 1, 700 元

点铜龙凤纹茶罐

高：19.3cm

参考价：RMB 10, 800 元

錾花寿字玉柄茶具一套

大壶 直径：12.2cm

小壶 直径： 6.2cm

参考价：RMB 10, 600 元

六面开光绢本手绘人物玻璃画茶罐

高：15.8cm

参考价：RMB 11, 600 元

莲瓣点铜茶壶

高：13cm　长：14cm

参考价：RMB 2, 100 元

紫砂加釉外包锡海棠盏托

高：9.6cm

参考价：RMB 7, 400 元

刻花墨玉龙柄茶壶

高：12.8cm

参考价：RMB 10, 600 元

半圆形玉柄茶具一套

大壶 直径：14.9cm

小壶 直径： 10cm

参考价：RMB 7, 600 元

道口点铜桃形钮素面茶壶

高：13cm

参考价：RMB 4, 300 元

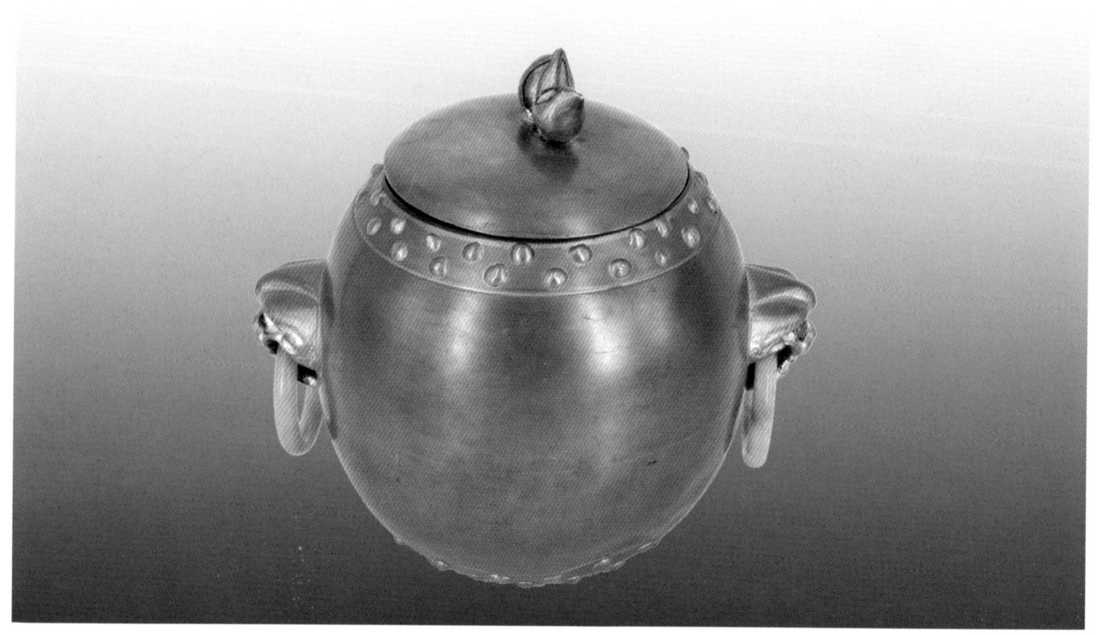

双兽耳嵌翡翠鼓形茶罐

高：14cm

参考价：RMB 11, 300 元

乾隆款錾花花鸟盏托一组

高：13cm 长： 16cm

参考价：RMB 32, 200 元

素面瓜棱翡翠柄茶具一套
大壶 直径：11.6cm
小壶 直径： 5.6cm
参考价：RMB 13, 300 元

八面开光茶罐

高：24cm

参考价：RMB 2, 900 元

炭烧茶壶

高：57cm

参考价：RMB 10, 800 元

直筒弦纹刻花茶罐

高：12.2cm

参考价：RMB 7, 800 元

脱胎漆木箱内置刻花刀马人物茶盒

长： 28cm

参考价：RMB 13, 000 元

葵口素面八棱茶罐

高：12.5cm

参考价：RMB 5, 000 元

梅花形六面开光提梁壶

高：11.3cm

参考价：RMB 2, 000 元

六棱花卉诗文茶罐

高：15.5cm

参考价：RMB 21, 400 元

海水云龙纹大盘
直径：32.6cm
参考价：RMB 3, 900 元

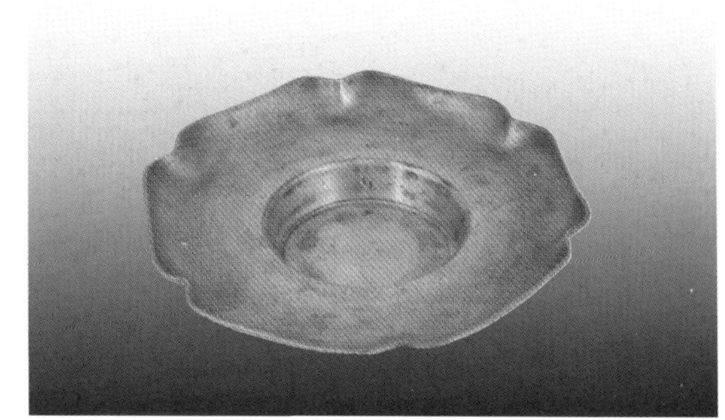

同德点铜葵口盘一对
直径：11.5cm
参考价：RMB 2, 400 元

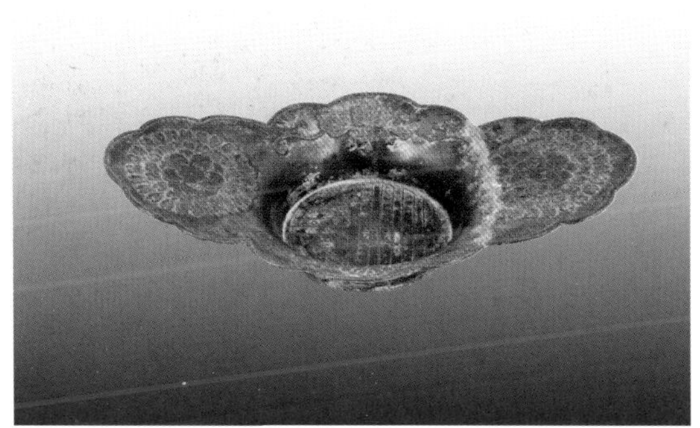

漆金蝙蝠纹盏托
长： 15cm
参考价：RMB 400 元

镂空莲形盏托一对
高：11cm
参考价：RMB 600 元

刻花圆盏托一组
直径：11cm
参考价：RMB 200 元

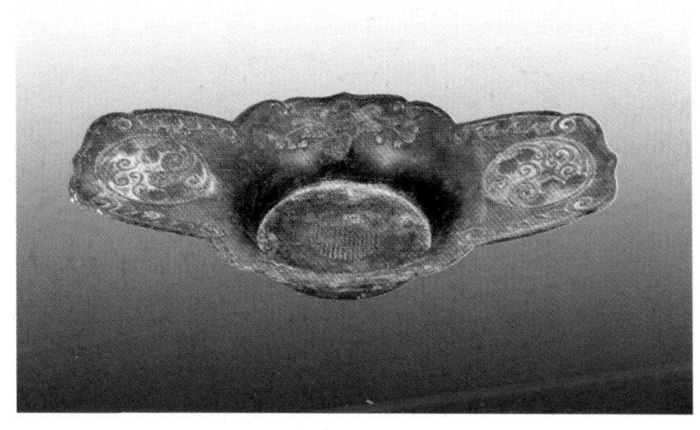

漆金福寿盏托
高：15cm
参考价：RMB 400 元

莲花形茶盏一组

高：9cm

参考价：RMB 900 元

奕和点铜龙纹咖啡杯

高：13cm

参考价：RMB 1, 000 元

颜隆记龙纹咖啡杯

高：11.6cm

参考价：RMB 1, 000 元

木柄龙纹茶杯

高：7.5cm

参考价：RMB 700 元

刻花卉纹扁茶罐

高：16cm

参考价：RMB 1, 900 元

直筒龙纹茶罐

高：13cm

参考价：RMB 1, 300 元

六面开光诗文花卉火金漆茶罐

高：15cm

参考价：RMB 1, 000 元

锡胎椰壳茶罐

高：12.5cm

参考价：RMB 300 元

火金漆花鸟茶罐

高：11cm

参考价：RMB 700 元

火金漆花卉葫芦茶罐一对

高：18cm

参考价：RMB 1, 600 元

火金漆六方抽角仿古茶罐

高：23.3cm

参考价：RMB 1, 800 元

六面开光花卉纹火金漆茶罐

高：15.5cm

参考价：RMB 300 元

素面弦纹茶罐一对

高：12cm

参考价：RMB 1, 500 元

嵌铜梅花纹官帽茶罐

高：21cm

参考价：RMB 2, 700 元

錾花茶罐

高：14cm

参考价：RMB 800 元

漆金浮雕茶罐

高：15cm

参考价：RMB 400 元

錾花茶罐

高：16cm

参考价：RMB 900 元

六面开光狮钮茶罐一对

高：23cm

参考价：RMB 1, 800 元

花卉诗文茶罐
高：18cm
参考价：RMB 500 元

四面开光素面扁茶罐
高：17cm
参考价：RMB 1, 000 元

嵌铜鹰形茶罐
高：12cm
参考价：RMB 1, 600 元

六棱花卉纹茶罐
高：23cm
参考价：RMB 1, 800 元

花瓣形诗文茶罐
高：19cm
参考价：RMB 800 元

大号茶罐
高：20.2cm
参考价：RMB 500 元

瓜棱形茶叶罐

高：14cm

参考价：RMB 800 元

高足鼓腹兽钮茶罐

高：16cm

参考价：RMB 1, 100 元

四面开光人物玻璃画茶罐

高：17cm

参考价：RMB 2, 500 元

兽钮茶罐

高：16cm

参考价：RMB 1, 100 元

人物玻璃画扁茶罐

高：17.9cm

参考价：RMB 2, 800 元

五棱人物玻璃画茶罐

高：18cm

参考价：RMB 2, 300 元

花鸟纹直筒茶罐
高：13.6cm
参考价：RMB 3, 700 元

花卉纹直筒茶罐
高：10.5cm
参考价：RMB 4, 100 元

乾茂号梅花纹磨砂面茶罐
高：9cm
参考价：RMB 7, 800 元

描金漆木箱内置刻花茶盒
高：11.2cm 长：24cm
参考价：RMB 11, 000 元

前门外万昌号提梁壶
高：9.6cm
参考价：RMB 4, 100 元

六棱凤流梅花形提梁壶
高：12.3cm
参考价：RMB 1, 800 元

莲瓣刻花寿字龙流提梁壶

高：12cm

参考价：RMB 2, 100 元

镶铜龙流提梁壶

高：15cm

参考价：RMB 1, 800 元

道口点铜桃形钮提梁壶

高：10cm

参考价：RMB 3, 800 元

弦纹提梁茶壶

高：12.5cm

参考价：RMB 400 元

提梁茶壶

高：13cm

参考价：RMB 800 元

仿紫砂南瓜形提梁茶壶

高：9cm

参考价：RMB 1, 800 元

瓜形提梁茶壶
高：10.5cm
参考价：RMB 2, 100 元

四面开光人物玻璃画提梁壶
高：16cm
参考价：RMB 2, 700 元

六棱素面提梁茶壶
高：11.5cm
参考价：RMB 1, 000 元

提梁茶壶
高：15cm
参考价：RMB 800 元

六面开光人物玻璃画茶壶
高：17.3cm
参考价：RMB 3, 700 元

素面提梁茶壶
高：10.5cm
参考价：RMB 700 元

仿紫砂扁腹提梁茶壶

高：9.5cm

参考价：RMB 2, 700 元

六面开光嵌铜提梁壶

高：12.5cm

参考价：RMB 1, 600 元

直筒包底龙流镶铜茶壶

高：13.6cm

参考价：RMB 1, 000 元

直筒提梁壶

高：13.6cm

参考价：RMB 800 元

八面开光提梁茶壶

高：21cm

参考价：RMB 2, 200 元

素面扁腹提梁壶

高：9.5cm

参考价：RMB 2, 100 元

四面开光素面桃形钮方提梁壶
高：14.5cm
参考价：RMB 1, 900 元

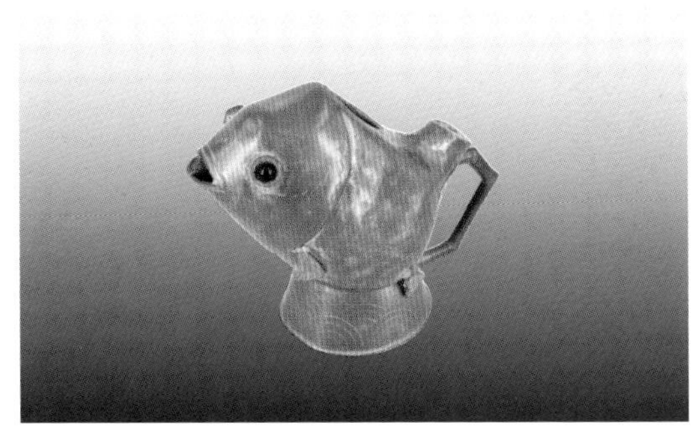

錾花鱼形茶壶
高：14.5cm
参考价：RMB 500 元

四面开光方提梁壶
高：13cm
参考价：RMB 2, 300 元

錾花五蝠捧壽嵌玉空心柄茶壶
高：20cm
参考价：RMB 3, 700 元

吉兴款錾花咖啡壶
高：23.6cm
参考价：RMB 2, 700 元

威海卫文华顺紫砂锡镶壶
高：12.5cm
参考价：RMB 1, 000 元

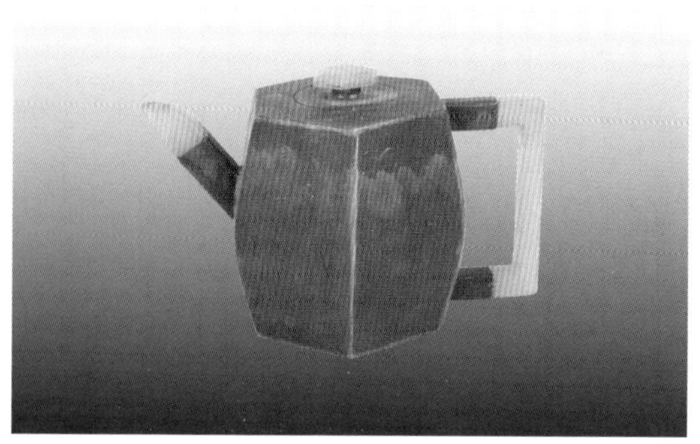

六棱刻花老寿星三镶壶

高：10cm

参考价：RMB 200 元

四棱刻花老寿星三镶壶

高：7cm

参考价：RMB 200 元

烧水茶壶

高：37cm

参考价：RMB 200 元

福祥锡铺款如意提梁壶

高：18cm

参考价：RMB 200 元

烧水茶壶

高：28cm

参考价：RMB 100 元

龙流高提梁茶壶一对

高：30cm

参考价：RMB 2, 700 元

酒　具

嵌铜喜上眉梢吸壶

高：14.5cm

参考价：RMB 3, 200 元

开光诗文兽钮竹节执壶

高：17.6cm

参考价：RMB 8, 000 元

嵌铜喜上眉梢吸壶

高：14.5cm

参考价：RMB 3, 200 元

素面提梁温酒壶

高：10cm

参考价：RMB 800 元

六棱塔形兽钮诗文花卉执壶

高：16cm

参考价：RMB 2, 400 元

弦纹束颈执壶

高：18.5cm

参考价：RMB 2, 400 元

漆金高浮雕龙纹酒杯一对

高：5cm

参考价：RMB 2, 000 元

錾花兽钮执壶一对

高：35.2cm

参考价：RMB 38, 600 元

素面摇铃式提梁壶

高：17.5cm

参考价：RMB 1, 100 元

人物玻璃画提梁壶

高：15cm

参考价：RMB 6, 500 元

诗文人物保温酒壶

高：12.2cm

参考价：RMB 2, 400 元

紫檀包锡仿生梨形执壶

高：16.2cm

参考价：RMB 900 元

素面风嘴吸壶

高：15cm

参考价：RMB 1, 300 元

錾花点铜葫芦形温酒壶

高：8.8cm

参考价：RMB 13, 600 元

小东门万聚净点六角诗文花卉执壶一对

高：17cm

参考价：RMB 5, 300 元

点铜龙流锡壶

高：15.5cm

参考价：RMB 2, 500 元

点铜弦纹酒嗉子

高：12.3cm

参考价：RMB 3, 000 元

诗文松鼠葡萄束颈酒嗉子
高：14cm
参考价：RMB 3, 600 元

铜钱孔炭烧温酒壶
高：12cm
参考价：RMB 300 元

束颈弦纹酒嗉子
高：11cm
参考价：RMB 100 元

素面束颈酒嗉子
高：13cm
参考价：RMB 1, 100 元

单孔炭烧温酒壶
高：9.5cm
参考价：RMB 100 元

三孔炭烧温酒壶

高：16cm

参考价：RMB 100 元

素面束颈酒嗉子

高：11.5cm

参考价：RMB 400 元

素面长颈弦纹酒嗉子

高：24cm

参考价：RMB 900 元

弦纹酒嗉子

高：14.3cm

参考价：RMB 300 元

耸肩弦纹酒嗉子

高：11.5cm

参考价：RMB 100 元

斗形酒盅

高：8.5cm

参考价：RMB 300 元

吉兴点铜龙纹鸡尾酒摇壶

高：15cm

参考价：RMB 1, 200 元

辉记龙纹酒杯一对

高：6cm

参考价：RMB 800 元

镂空龙纹啤酒杯

高：12.1cm

参考价：RMB 1, 000 元

辉记飞鸟纹酒杯一对

高：9cm

参考价：RMB 700 元

镂空龙纹收口啤酒杯

高：14cm

参考价：RMB 900 元

錾花龙纹酒杯一对

高：6.5cm

参考价：RMB 1, 700 元

四方抽角温酒壶

高：11.5cm

参考价：RMB 300 元

花鸟纹鼎式温酒壶

高：13.6cm

参考价：RMB 2, 400 元

椰壳锡胆寿字温酒壶

高：10.3cm

参考价：RMB 6, 400 元

炭烧温酒执壶

高：15cm

参考价：RMB 700 元

抽角炭烧温酒壶

高：13cm

参考价：RMB 1, 000 元

分体炭烧温酒执壶

高：12.5cm

参考价：RMB 500 元

飞鸟钮高提梁壶

高：16.5cm

参考价：RMB 400 元

素面斜提梁壶

高：20cm

参考价：RMB 700 元

素面直筒提梁

高：13.5cm

参考价：RMB 300 元

六面开光出头提梁壶

高：16cm

参考价：RMB 500 元

兽钮提梁壶

高：13.5cm

参考价：RMB 200 元

东坡楼提梁壶

高：21cm

参考价：RMB 1, 900 元

凤流提梁壶

高：12cm

参考价：RMB 100 元

木钮刻人物提梁壶

高：14cm

参考价：RMB 1, 100 元

瑞兽钮提梁壶

高：15cm

参考价：RMB 200 元

素面圆提梁壶一对

高：18cm

参考价：RMB 1, 300 元

素面出头提梁壶

高：16cm

参考价：RMB 1, 000 元

嵌铜梅花人物吸壶

高：19cm

参考价：RMB 700 元

素面嵌铜吸壶

高：16cm

参考价：RMB 500 元

素面吸壶

高：16cm

参考价：RMB 300 元

嵌铜花卉吸壶

高：18.5cm

参考价：RMB 800 元

八角扁吸壶

高：14cm

参考价：RMB 1, 000 元

木钮执壶
高：11cm
参考价：RMB 1, 100 元

素面长流执壶
高：15cm
参考价：RMB 200 元

兽钮执壶
高：8cm
参考价：RMB 700 元

兽钮铜包边执壶
高：17.7cm
参考价：RMB 1, 900 元

料子钮竹节执壶
高：15.5cm
参考价：RMB 800 元

龙钮龙执凤流束颈执壶
高：25cm
参考价：RMB 1, 100 元

人物玻璃画提梁壶

高：15cm

参考价：RMB 6, 500 元

人物玻璃画执壶

高：30.1cm

参考价：RMB 4, 100 元

六面开光人物玻璃画执壶

高：30.6cm

参考价：RMB 4, 900 元

素面执壶一对

高：16.6cm

参考价：RMB 2, 300 元

瑞兽钮开光执壶一对

高：18cm

参考价：RMB 700 元

龙执龙流执壶

高：19cm

参考价：RMB 1, 500 元

四面开光无钮执壶

高：16cm

参考价：RMB 700 元

八棱诗文执壶

高：19cm

参考价：RMB 1, 000 元

素面桶式执壶一对

高：13.5cm

参考价：RMB 2, 700 元

镶铜龙流执壶

高：18cm

参考价：RMB 1, 800 元

凤流凤钮葫芦形执壶

高：15cm

参考价：RMB 800 元

凤流凤执凤钮葫芦形执壶

高：19.5cm

参考价：RMB 900 元

雄鸡钮龙流执壶

高：15cm

参考价：RMB 700 元

瑞兽钮凤流执壶

高：12.5cm

参考价：RMB 500 元

嵌铜素面执壶

高：17cm

参考价：RMB 1, 000 元

素面短流执壶

高：15.5cm

参考价：RMB 1, 400 元

方柄烛火钮执壶

高：10.5cm

参考价：RMB 1, 000 元

莲花钮素面点铜执壶一对

高：17cm

参考价：RMB 4, 900 元

漆金兽钮莲瓣纹执壶

高：13.5cm

参考价：RMB 200 元

镂空铜钱钮执壶

高：11.5cm

参考价：RMB 900 元

瑞兽钮长腹直筒执壶

高：18.5cm

参考价：RMB 900 元

兽钮龙流瓶式执壶一对
高：32cm
参考价：RMB 1, 800 元

瑞兽钮束腰执壶
高：16cm
参考价：RMB 1, 400 元

四方抽角执壶
高：11.5cm
参考价：RMB 900 元

闺房用具

嵌铜錾花琴式妆奁

长： 13.5cm

参考价：RMB 16, 300 元

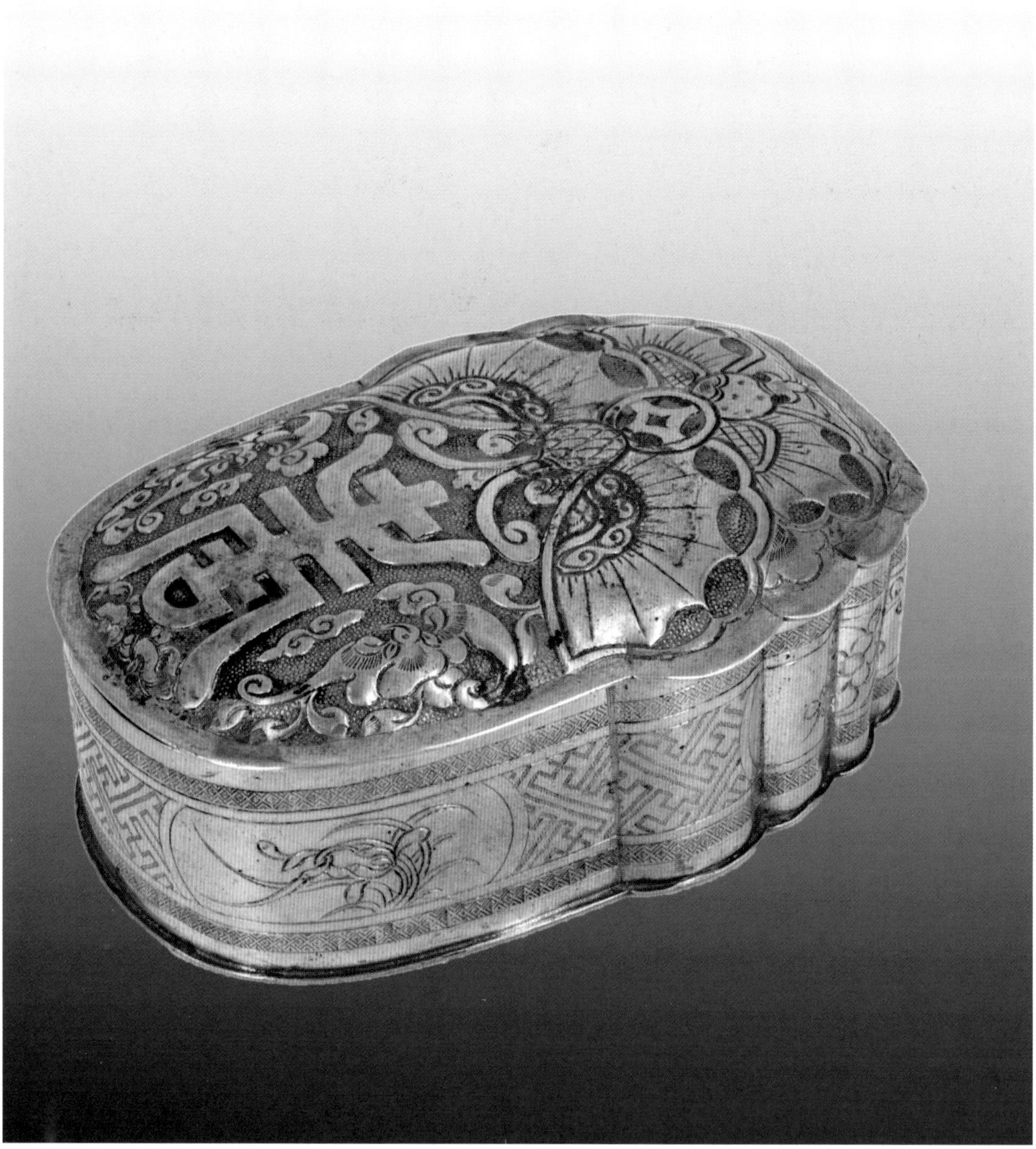

祥云蝙蝠寿字妆奁

长：11.6cm

参考价：RMB 20, 300 元

錾花点铜喜字妆奁

长： 13cm

参考价：RMB 19, 100 元

錾花嵌宝妆奁
长：9cm
参考价：RMB 2, 500 元

刻花妆奁

长： 12cm

参考价：RMB 400 元

镂空龙纹妆奁

长： 14cm

参考价：RMB 1, 900 元

如意葫芦形嵌宝粉盒

长： 16cm

参考价：RMB 1, 200 元

矮足素面豆形粉盒一对

高：8.5cm

参考价：RMB 900 元

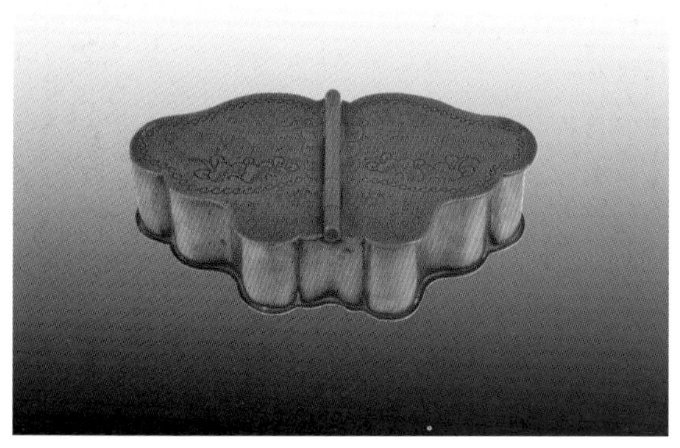

錾花蝴蝶粉盒

高：3.6cm　长：13.9cm

参考价：RMB 2, 400 元

矮足三层錾花粉盒一对

高：11cm

参考价：RMB 1, 200 元

平足铜包边刻花两层粉盒一对

高：8cm

参考价：RMB 1, 300 元

嵌宝圆形首饰盒

高：8.9cm

参考价：RMB 1, 400 元

人物钮首饰盒

高：9cm

参考价：RMB 1, 000 元

嵌铜嵌宝方首饰盒

高：5cm

参考价：RMB 1, 100 元

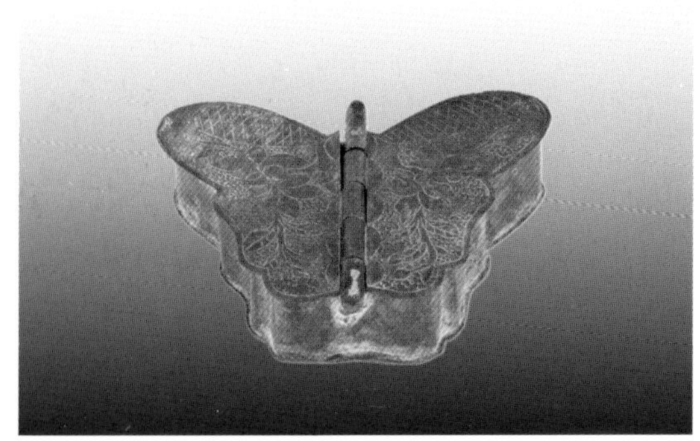

錾花蝴蝶粉盒

长：10cm

参考价：RMB 500 元

高足四层粉盒一对

高：18.5cm

参考价：RMB 1, 300 元

叶形钮錾花首饰盒

高：3cm

参考价：RMB 2, 300 元

弦纹镂空双龙刨花缸

高：7cm

参考价：RMB 200 元

倭角刻花葵口刨花缸

高：5.5cm

参考价：RMB 1, 000 元

浮雕双凤刨花缸

高：7.5cm

参考价：RMB 800 元

文房用具

诗文花卉笔洗

长： 8cm

参考价：RMB 900 元

嵌铜花卉纹笔筒

高：12cm

参考价：RMB 3, 700 元

錾花蝉形墨盒

长： 8cm

参考价：RMB 1, 700 元

此器物锡质细腻温润如婴儿之肌肤，由内到外散发出内敛柔和的光泽。

一题多用砚台笔架

高：10.5cm 长：8.8cm

参考价：RMB 5, 500 元

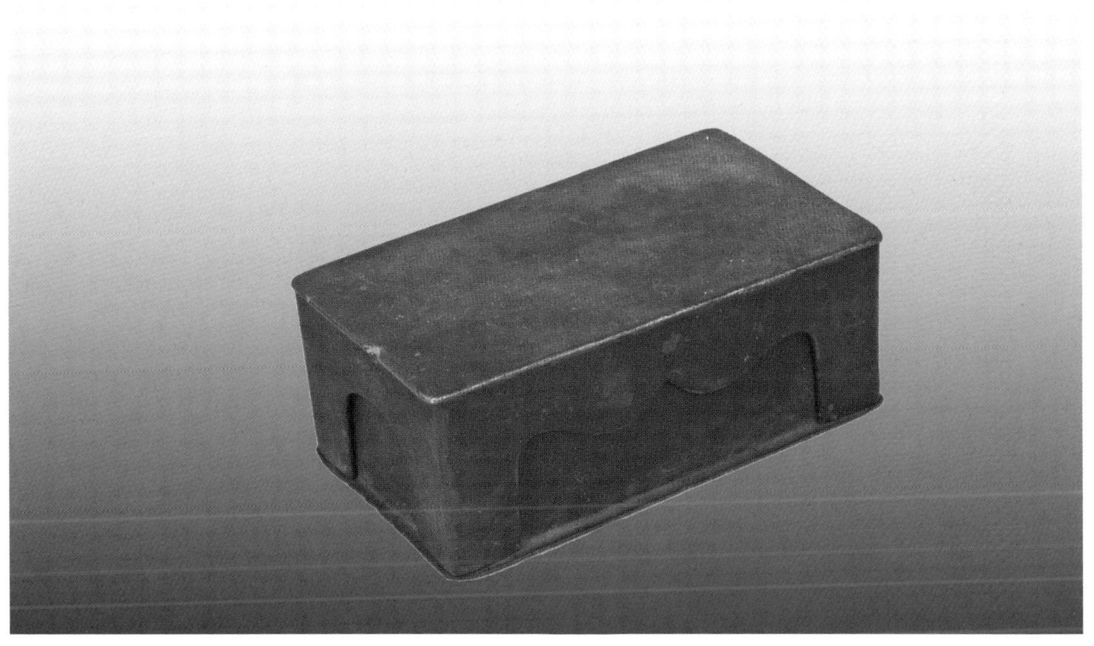

点铜方形印盒

长：11.1cm

参考价：RMB 1, 000 元

桃形水滴

高：10cm

参考价：RMB 500 元

素面方印盒

长： 12.5cm

参考价：RMB 1, 000 元

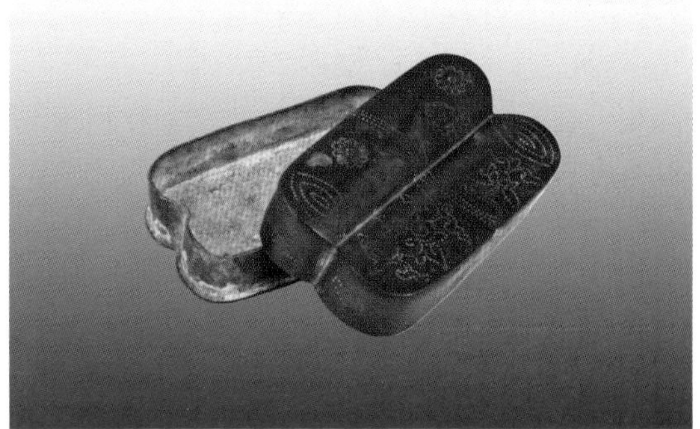

蝉形墨盒

长： 8cm

参考价：RMB 900 元

两格印盒

长： 10cm

参考价：RMB 700 元

花卉纹圆墨盒

高：4.5cm

参考价：RMB 700 元

素面方墨盒

长： 8cm

参考价：RMB 700 元

錾花太极墨盒

直径： 8cm

参考价：RMB 800 元

龟形钮印章

高：1.9cm

参考价：RMB 600 元

龟形镇纸

长：16cm

参考价：RMB 1, 600 元

浮雕翠竹墨盒

直径：9.5cm

参考价：RMB 1, 200 元

嵌铜竹子笔筒

高：15.2cm

参考价：RMB 1, 700 元

嵌瓷墨盒

长：15cm

参考价：RMB 2, 300 元

嵌铜印盒

长：17cm

参考价：RMB 2, 400 元

苏工錾花印盒

高：13.2cm 宽：6.6cm

参考价：RMB 1, 300 元

双格带抽屉印盒

长： 14cm

参考价：RMB 500 元

錾花瓜形水盂

高：6cm

参考价：RMB 1, 600 元

一体两用笔插水盂

高：4.1cm

参考价：RMB 600 元

桃形水滴

高：12cm

参考价：RMB 400 元

南瓜形水滴

高：8cm

参考价：RMB 500 元

厚重刻花纹水盂

高：4.7cm

参考价：RMB 1, 100 元

嵌铜四方倭角水注

高：7.6cm

参考价：RMB 1, 300 元

一体两用笔插水注

高：8.2cm

参考价：RMB 800 元

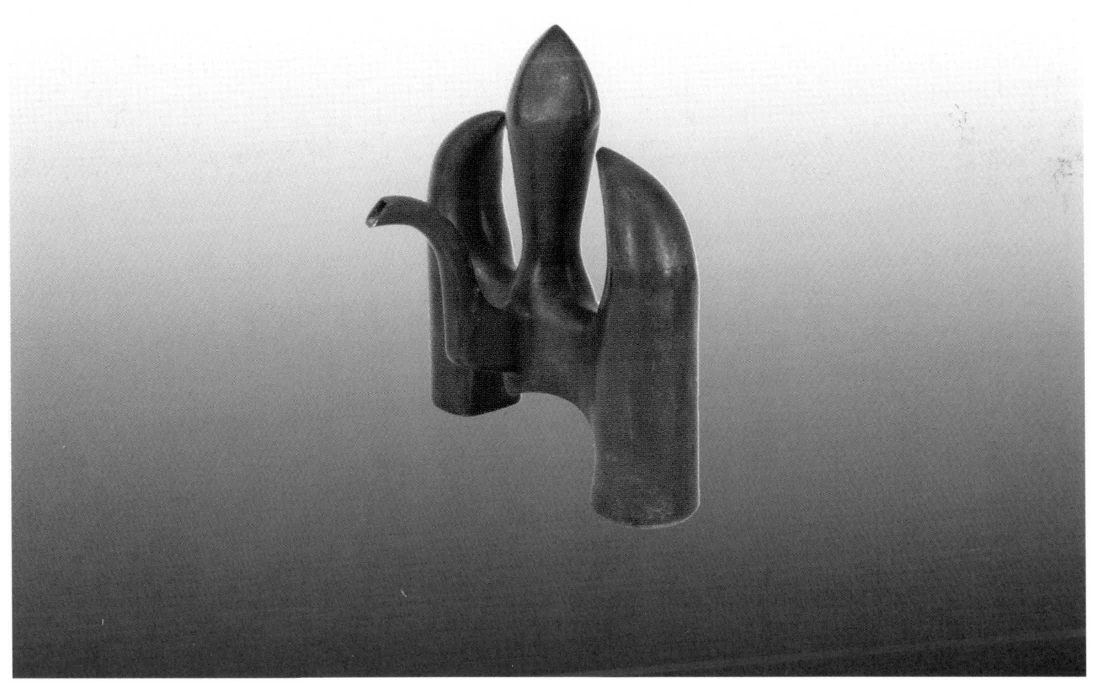

山字形水滴

高：12cm 长：11cm

参考价：RMB 700 元

连中三元状元及第笔架

高：4.5cm

参考价：RMB 1, 000 元

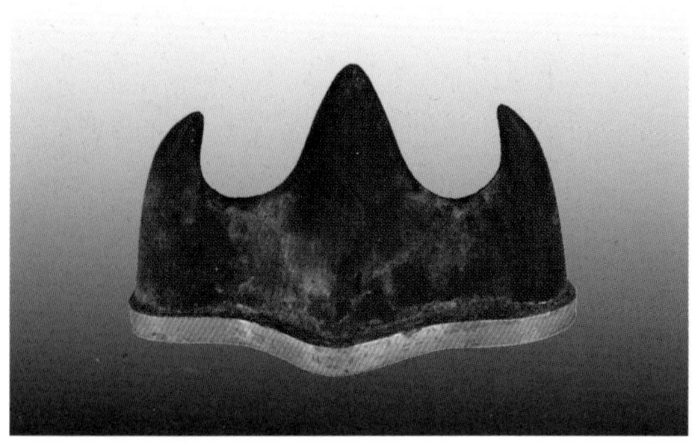

山字形笔架

长： 14cm

参考价：RMB 500 元

徐忠德堂款山字笔架

高：18cm 长：14.2cm 宽：6cm

参考价：RMB 2, 100 元

照明用具

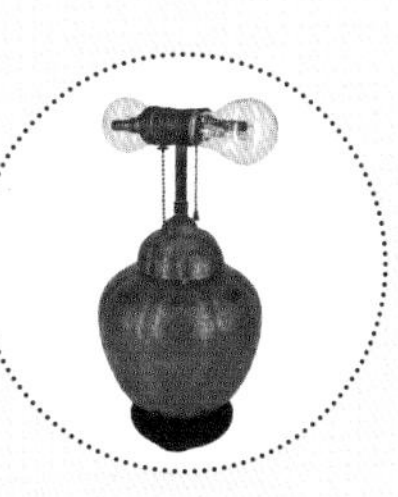

嵌铜錾花蚊灯

高：10.5cm

参考价：RMB 16, 800 元

点铜手照子

高：21.6cm

参考价：RMB 2, 100 元

錾花台灯

高：38cm

参考价：RMB 10, 700 元

壁挂屉式油灯

高：25cm

参考价：RMB 1, 600 元

龙执龙首油灯

高：21.6cm

参考价：RMB 2, 700 元

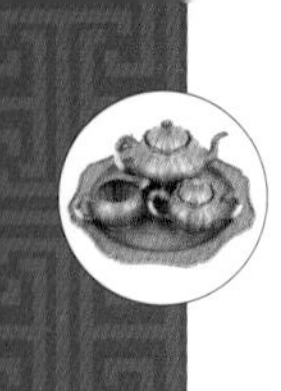

灯盏

高：30cm

参考价：RMB 900 元

灯盏

高：35cm

参考价：RMB 1, 100 元

灯盏

高：25cm

参考价：RMB 300 元

灯盏

高：35cm

参考价：RMB 1, 000 元

京都东四牌楼德元恒自造灯盏

高：32cm

参考价：RMB 3, 500 元

油灯

高：27cm

参考价：RMB 200 元

祭供用具

凤钮鱼化龙双耳香薰

高：38cm

参考价：RMB 10, 700 元

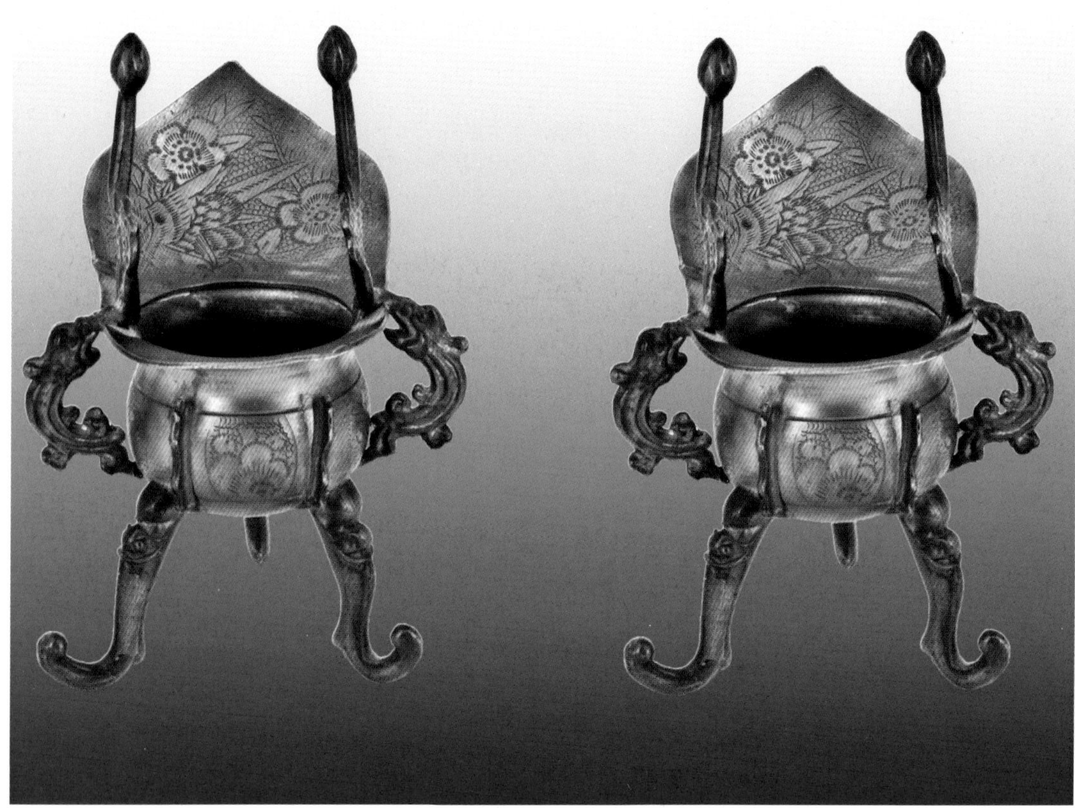

吉兴款点铜錾花香炉一对

高：9.5cm

参考价：RMB 4, 500 元

吉兴款点铜錾花香炉

高：9.5cm

参考价：RMB 4, 500 元

瑞兽四足莲花瓣底座

高：23.6cm

参考价：RMB 21, 900 元

嵌铜福寿花卉香炉蜡扦子一组

鼎　高：26cm　蜡台　高：126cm

参考价：RMB 5, 000 元

点铜云龙花卉纹蜡台一对

高：34.5cm

参考价：RMB 16, 100 元

錾花带底座香炉花觚一组

鼎 高：16cm　　花觚 高：14.5cm

参考价：RMB 5, 100 元

扁菱形蜡扦子一对

高：21.5cm

参考价：RMB 4, 600 元

錾花双耳香薰

高：14cm　长：35cm

参考价：RMB 3, 800 元

点铜镂空五子登科状元及第蜡台一对

高：32.8cm

参考价：RMB 29, 400 元

坡子街杨震泰錾花鼎式香炉

高：10cm

参考价：RMB 22, 000 元

香炉蜡台一组

炉高：31.5cm 蜡台高：39.2cm

参考价：RMB 1, 100 元

漆金锡供台 蜡台 防风灯罩一组

蜡台高：37cm 底座高：15cm 防风灯罩高：26.5cm

参考价：RMB 3, 100 元

云雷纹鼎

高：25cm 长：25cm

参考价：RMB 19, 100 元

嵌铜福寿香炉

高：18.7cm

参考价：RMB 900 元

坡子街杨震泰钱币纹鼎式香炉
高：9.9cm
参考价：RMB 13, 100 元

弦纹双耳香炉
高：16cm
参考价：RMB 500 元

一体两用香炉蜡扦子
高：16.9cm
参考价：RMB 600 元

鼎式双耳素面香炉
高：23.6cm
参考价：RMB 200 元

葵口香炉
高：9.8cm
参考价：RMB 500 元

素面香炉
高：5.6cm
参考价：RMB 900 元

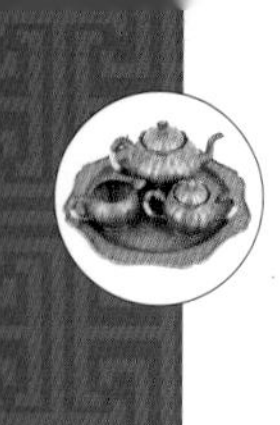

刻花香炉

高：13cm

参考价：RMB 100 元

刻花梅兰寿字兽足八面香炉

高：5.5cm

参考价：RMB 1, 000 元

素面蜡扦子一对

高：32.5cm

参考价：RMB 500 元

蜡扦子一对

高：48cm

参考价：RMB 1, 300 元

回形纹蜡扦子

高：36cm

参考价：RMB 700 元

双喜镂空蜡扦子一对

高：38cm

参考价：RMB 500 元

莲瓣口蜡台

高：21cm

参考价：RMB 500 元

海水云龙纹蜡台一对

高：18.2cm

参考价：RMB 3, 400 元

凤凰蜡台

高：30.8cm

参考价：RMB 1, 000 元

素面撇口花觚一对

高：22.2cm

参考价：RMB 1, 200 元

撇口束颈鼓腹花觚

高：26cm

参考价：RMB 600 元

弦纹鼓腹香筒

高：26cm

参考价：RMB 500 元

香炉蜡台一组

炉高：26cm 蜡台高：36cm

参考价：RMB 500 元

学院前李源茂衔珠独角兽香薰

高：13cm

参考价：RMB 3, 300 元

葵口镂空蝙蝠香薰一对

高：12cm

参考价：RMB 800 元

葵口云雷纹香薰一对

高：10.5cm

参考价：RMB 800 元

素面祭供杯

高：3cm

参考价：RMB 100 元

双鱼耳祭供杯

高：3cm

参考价：RMB 100 元

雕像 饰件 花瓶 烟具 罐盒

双面雕寿星乌龟

高：5cm

参考价：RMB 1, 800 元

仙鹤立像锡雕

高：46cm

参考价：RMB 131, 100 元

双面雕寿星乌龟

高：5cm

参考价：RMB 1, 800 元

嵌铜福寿鼓形罐

高：9.5cm

参考价：RMB 3, 100 元

嵌铜飞鸟香盘

长： 14.5cm

参考价：RMB 2, 400 元

瓷包锡摘葡萄老者立像

高：22cm

参考价：RMB 8, 700 元

瓷包锡背粮袋老者立像

高：22cm

参考价：RMB 8, 700 元

点铜海水云龙纹帽筒

高：28cm

参考价：RMB 15, 400 元

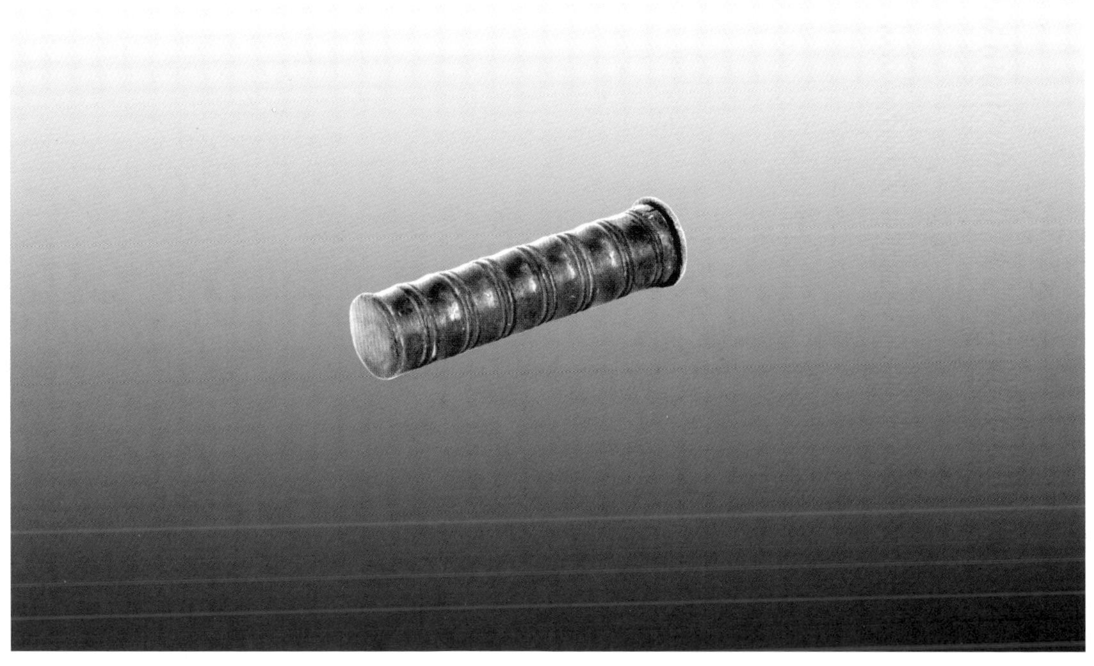

竹节形针筒

长：8cm 直径：2cm

参考价：RMB 500 元

点铜花卉纹花瓶

高：18.2cm

参考价：RMB 3, 700 元

嵌铜鸭盒一对

高：12.5cm

参考价：RMB 3, 100 元

瓷包锡老寿星立像

高：36cm

参考价：RMB 10, 300 元

莲蓬钮圆形大罐

直径：25cm

参考价：RMB 3, 800 元

嵌铜鸭形盒一组

最大 长： 18.5cm 最小 长： 4cm

参考价：RMB 5, 200 元

地球仪烟罐

高：15cm

参考价：RMB 2, 300 元

山水人物烟盒

长： 13.2cm

参考价：RMB 2, 700 元

錾花赏玩茶具一套

大托盘直径：8.9cm　　大壶高：4.3cm　　杯高：1.6cm

参考价：RMB 4, 500 元

嵌铜八卦太极罐

高：8cm

参考价：RMB 2, 400 元

玉柄丝绸烫斗一组

长：15.7cm

参考价：RMB 4, 500 元

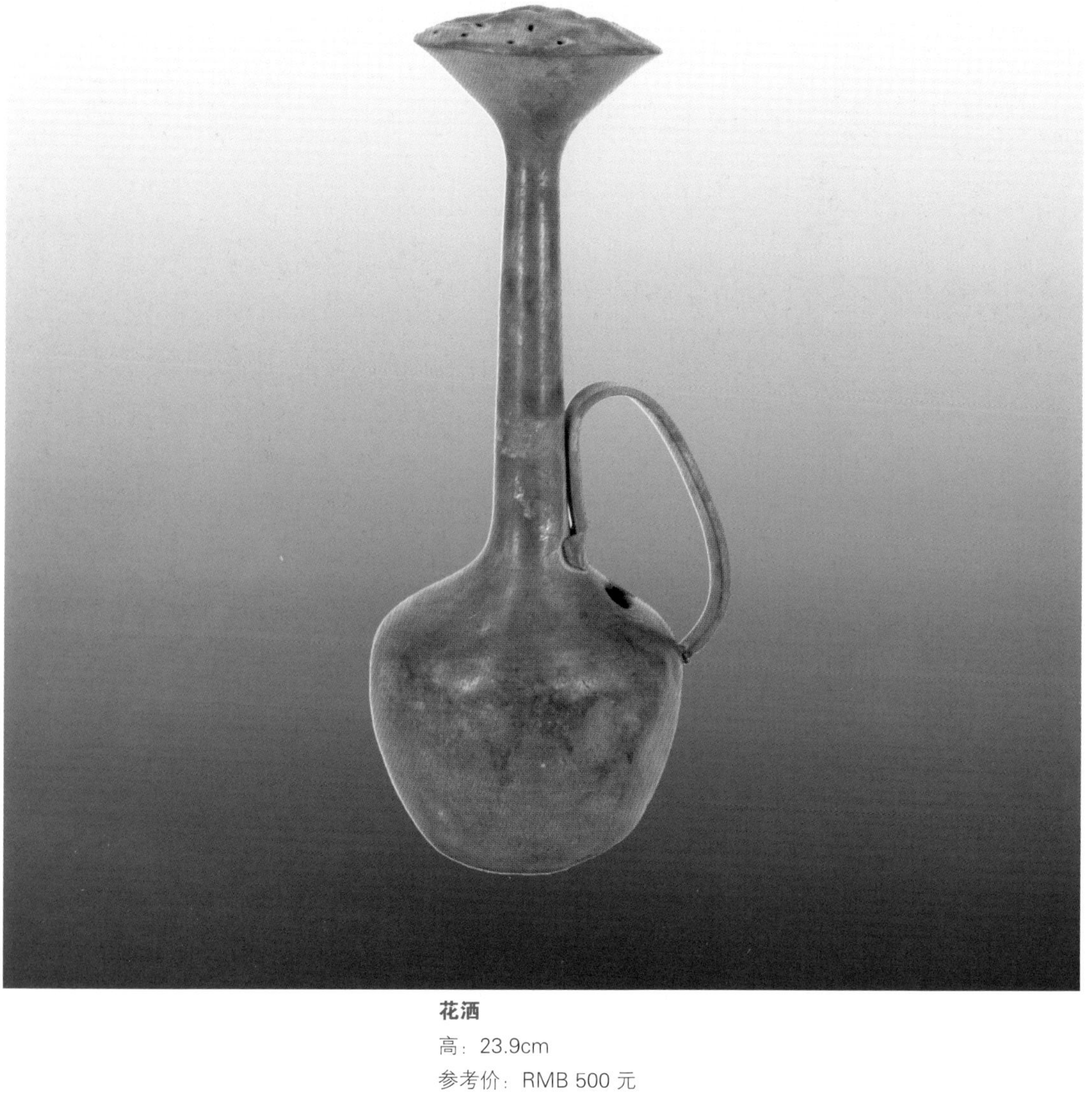

花洒

高：23.9cm

参考价：RMB 500 元

漆金福禄寿 年年有余饰件一组

长：20cm

参考价：RMB 3, 100 元

鱼锡雕

高 11cm

参考价：RMB 1, 900 元

錾花诗文轿瓶一对

长：30cm

参考价：RMB 5, 900 元

漆金渔翁锡雕立像

高：34cm

参考价：RMB 38, 700 元

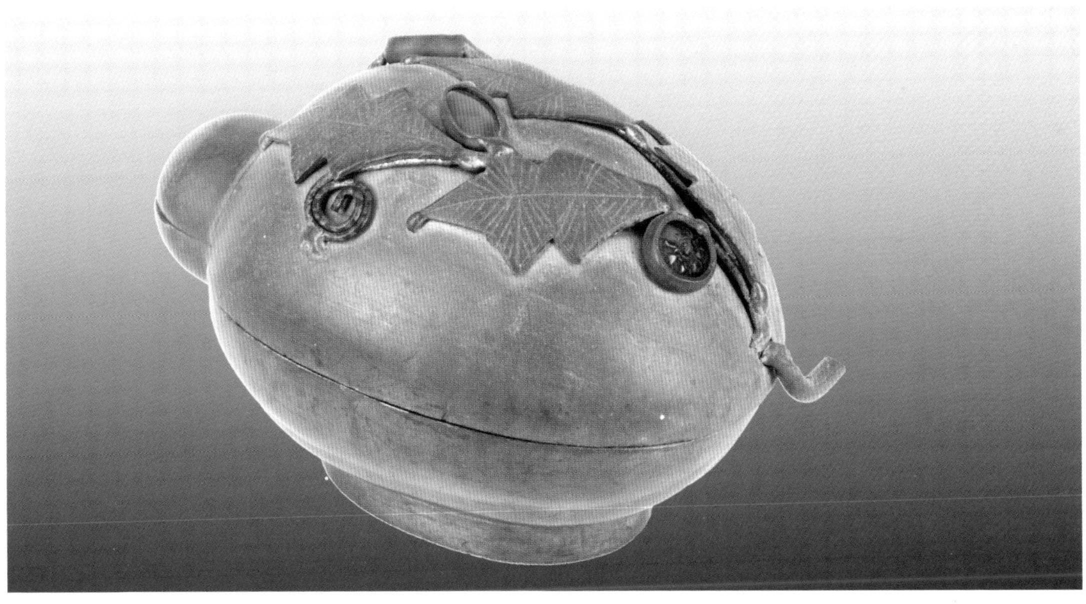

嵌珠宝香盒

高：5.2cm

参考价：RMB 1, 900 元

嵌铜南瓜形大罐

高：23cm

参考价：RMB 3, 000 元

嵌铜喜上眉梢盒

长： 16cm

参考价：RMB 3, 000 元

叶形钮圆罐

高：12cm

参考价：RMB 700 元

花卉龙纹盒

长： 15.5cm

参考价：RMB 1, 700 元

錾花玛瑙桃形钮盒

长： 18cm

参考价：RMB 2, 400 元

嵌宝盖罐一对

高： 10.3cm

参考价：RMB 400 元

嵌珠宝圆罐

高：9cm

参考价：RMB 1, 200 元

嵌铜寿字盒

长： 13.5cm

参考价：RMB 2, 300 元

錾花圆罐

高：13cm

参考价：RMB 1, 000 元

嵌铜天鹅形香盒

长： 15.5cm

参考价：RMB 2, 300 元

刻花五蝠鼓钉香盒

高：6.9cm

参考价：RMB 500 元

飞鸟形香盘

长： 14.5cm

参考价：RMB 1, 100 元

葵口香插

高：9cm

参考价：RMB 400 元

嵌铜鼓钉烟缸

高：5cm

参考价：RMB 1, 900 元

地球仪烟罐一对

高： 16cm

参考价：RMB 5, 300 元

粉彩人物瓷胎锡烟缸

直径： 6.5cm

参考价：RMB 2, 300 元

錾花烟缸

高：10cm

参考价：RMB 1, 300 元

嵌铜花瓶

高：17.6cm

参考价：RMB 2, 300 元

喜上眉梢嵌铜花瓶

高：13.8cm

参考价：RMB 2, 700 元

弦纹长颈花瓶

高：26cm

参考价：RMB 1, 000 元

双龙耳花瓶

高：36cm

参考价：RMB 1, 300 元

素面点铜花瓶一对

高：19.7cm

参考价：RMB 1, 900 元

撇口束颈素面花瓶

高：21.8cm

参考价：RMB 700 元

环耳嵌料子瓶

高：19cm

参考价：RMB 1, 300 元

大连志成锡铺量酒具

高：21cm

参考价：RMB 100 元

四系暖脚壶

直径：22cm

参考价：RMB 600 元

四系暖脚壶

直径：21cm

参考价：RMB 500 元

鱼形壶

长： 22cm

参考价：RMB 900 元

老河口锡锭

直径：5.5cm

参考价：RMB 300 元

漆金生肖一组

长： 3cm

参考价：RMB 800 元

漆金八仙饰件一组

长： 21cm

参考价：RMB 2, 400 元

嵌瓷胎锡轿瓶

高：29.8cm

参考价：RMB 2, 300 元

白头富贵庚午年轿瓶

直径：29.8cm

参考价：RMB 1, 100 元

錾花鲤鱼轿瓶一对

直径：22.9cm

参考价：RMB 1, 900 元

观音雕像
高：11cm
参考价：RMB 200 元

嵌铜梅花鹿
高：19cm 长：20.5cm
参考价：RMB 1, 100 元

弥勒佛立像
高：6cm
参考价：RMB 1, 300 元

老寿星坐像
高：4.6cm
参考价：RMB 500 元

挎篮小猪像
高：4.5cm
参考价：RMB 400 元

伤心小兔像
高：2.7cm
参考价：RMB 200 元

老鼠戏猫锡雕一组

长： 5cm

参考价：RMB 900 元

观音坐像

高：8.2cm

参考价：RMB 200 元

八仙人物立像一组

高：6.5cm

参考价：RMB 1, 000 元

熊锡雕

高：12cm

参考价：RMB 3, 700 元

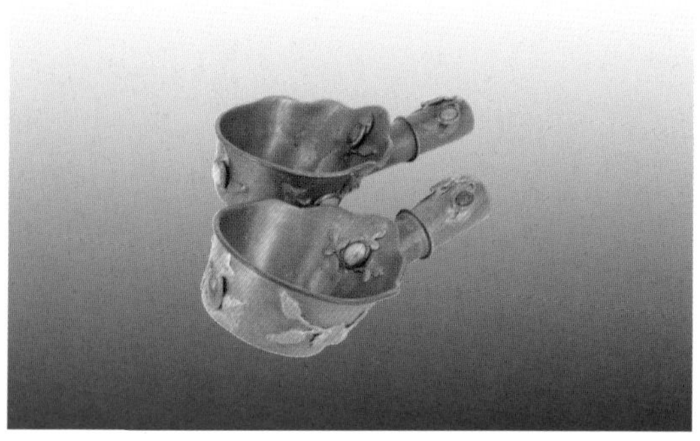

嵌铜嵌宝烫斗

长： 19cm

参考价：RMB 2, 400 元

猛虎锡雕

长： 7.9cm

参考价：RMB 600 元

针筒

长：6cm

参考价：RMB 500 元

肥猪锡像

长： 6cm

参考价：RMB 500 元

轿顶子

高：15.5cm

参考价：RMB 1, 200 元

三足瑞兽嵌瓷胎底座

直径：18cm

参考价：RMB 2, 700 元

粉彩人物瓷胎包锡盘一组

直径：9.8cm

参考价：RMB 2, 300 元

国外锡器

日本　飞鸟纹磨砂瓶

高：23.6cm

参考价：RMB 21, 900 元

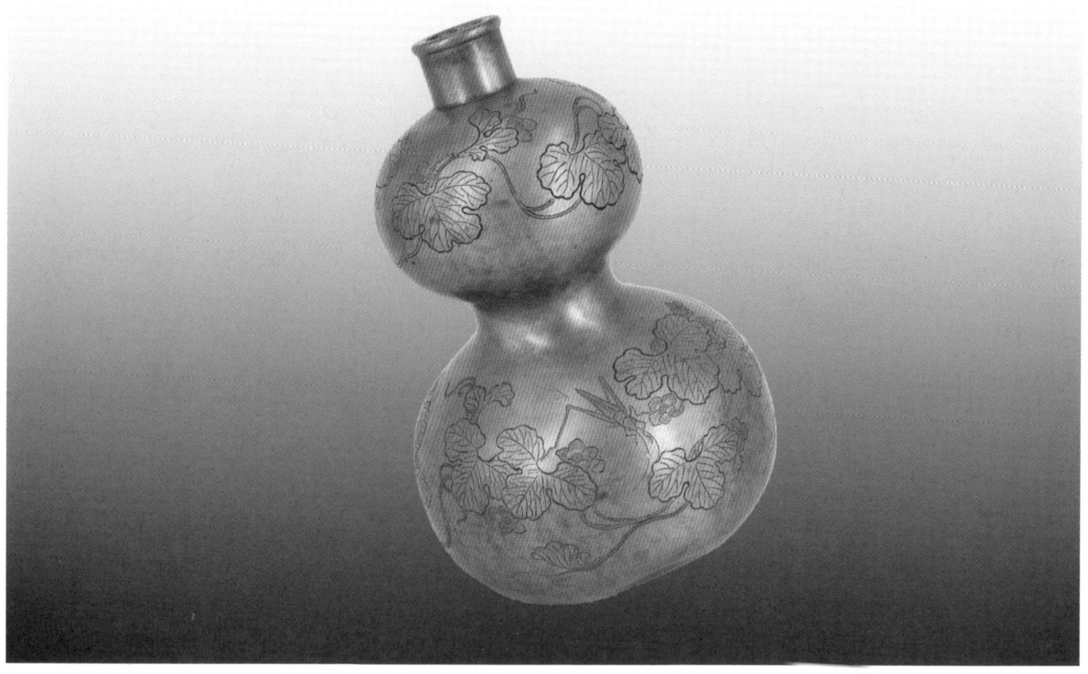

日本　刻花卉纹葫芦

高：22cm

参考价：RMB 26, 600 元

日本　第二次人口普查纪念酒具一套

壶 高：13.cm 方杯　　高：8,2cm

参考价：RMB 10, 300 元

日本　带木盒酒具一套
盒 长：21cm
参考价：RMB 10, 800 元

日本　带木盒酒具一套
盒 长：21cm
参考价：RMB 10, 800 元

荷兰　浮雕埃及圣甲虫小罐
高：4.5cm
参考价：RMB 2, 700 元

荷兰　素面茶壶
高：11cm
参考价：RMB 200 元

荷兰　咖啡壶一套
大壶高：23cm 小杯高：7cm
参考价：RMB 3, 700 元

荷兰　高足提梁茶壶
高：19cm
参考价：RMB 800 元

荷兰　木柄长颈咖啡壶

高：27.1cm

参考价：RMB 500 元

荷兰　花瓶

高：24.3cm

参考价：RMB 900 元

荷兰　素面茶壶

高：12cm

参考价：RMB 1, 000 元

荷兰　素面糖罐

高：9.5cm

参考价：RMB 800 元

荷兰　罐

高：6.5cm

参考价：RMB 400 元

荷兰　素面奶罐

高：5.6cm

参考价：RMB 600 元

英国　捶打壶

高：14.1cm

参考价：RMB 3, 700 元

英国　叶形盘

直径：19M

参考价：RMB 300 元

英国　瓜棱形调料罐

高：9.2cm

参考价：RMB 900 元

英国　树桩形象骨钮龙执凤流茶壶

高：13cm

参考价：RMB 1, 300 元

英国　象骨钮刻花咖啡壶

高：18.6cm

参考价：RMB 800 元

英国　象骨钮素面咖啡壶

高：20.3cm

参考价：RMB 900 元

英国 油灯
高：20.1cm
参考价：RMB 400 元

英国 刻花茶杯
高：9M
参考价：RMB 500 元

英国 素面壶
高：7.8cm
参考价：RMB 200 元

英国 烛台
高：3.6cm
参考价：RMB 100 元

日本 菊花纹磨砂罐
高：12.5cm
参考价：RMB 9, 100 元

日本 纯一郎作 双耳花瓶
高：24.5cm
参考价：RMB 1, 600 元

日本　酒具一套

壶 高：12.5cm

参考价：RMB 4, 000 元

日本　雕花卉纹壶

高：9.5cm

参考价：RMB 100 元

日本　弦纹酒壶

高：12.5cm

参考价：RMB 100 元

日本　丰好堂造花瓶一对

高：11cm

参考价：RMB 6, 000 元

日本　带木盒酒具一套

盒长：21.4cm

参考价：RMB 4, 900 元

日本　雕花盏托一套

大直径：9.9cm　小直径：7.9cm

参考价：RMB 2, 300 元

锡器款识集锦

锡器款识通常由地名＋人名或店铺号＋材料名称和工艺＋信誉保证广告词组成。

地名如潮阳、威海卫、道口、广东、湖南、漳州、常熟、江阴、杭州、浙瓯等等。

人名店铺号如 颜义和、颜和顺、颜吉兴、杨震泰、万昌号、合义号、聚盛、铜盛等等。

材料名称工艺如点铜、点锡、贺锡、真点、足点、净点、满点、全点、正点铜、真料点铜、正料点铜、正双料点锡、钩光（最纯锡条称之为“芦花”，其次为“钩光”，皆因不同成色的熔锡在凝固后的花样不同而命名）等等。

信誉保证广告词如包用、包换、包回换、有假包换、不真包换、真不二价等等。

安邑 广升昌造

包万成造

堡镇 孙林记造

菜市口万兴号

茶阳 杨家仪和 点铜

常床

常熟 祁益大造 点铜

常州府前陶荣茂号包换点铜

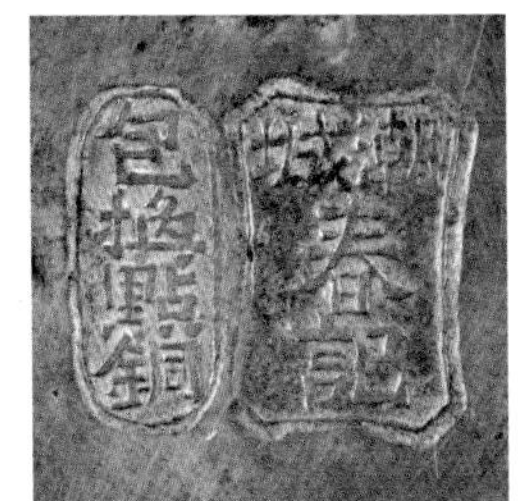

潮城 春记 包换 点铜

潮阳 分创汕头 颜奕和
老店 真料点铜

潮阳 光利 店住汕头 净足

潮阳 联顺正记 店住汕头
真料点铜

潮阳 洽兴颜家店住香港
真料点铜

潮阳 汕头 颜和顺 点铜

潮阳 汕头 永顺 老店 正点铜

潮阳 顺发老店 点铜

潮阳 顺兴 老店

潮阳 太利 点铜

潮阳 颜和顺 店住汕头
真料点铜

潮阳 颜和顺 正老店 店住汕头
真料点铜 正双料点锡真不二价

潮阳 颜和顺 正老店 店住汕头
正庄点锡 真不二价

潮阳 颜辉记 正点铜 不二价

潮阳 颜吉顺 点铜

潮阳 颜吉兴 点铜

潮阳 颜吉兴 汕头怀安街
真料点铜

潮阳 颜洽顺 真料 点铜

潮阳 颜盛利 店住汕头
正点铜

潮阳 颜义和 老店 点铜

潮阳 颜义和 真料 点铜

潮阳 颜义和 正老店 真料 点锡

潮阳 颜义和隆记 分创汕头
真料店锡

潮阳 颜义和造

潮阳 颜义和 正老店 点铜

潮阳 颜奕和 怡记 点铜

潮阳 颜永利 真料 点铜

潮阳 颜永利 真料 点铜

潮阳 颜振兴 店住汕头
真料点锡

潮阳 奕顺 点铜

潮阳 永和

潮阳 郑玉合 净足

潮邑 永顺 老店 真料 点铜

潮邑 永顺 老店 真料 点铜

陈祥源 瑞记

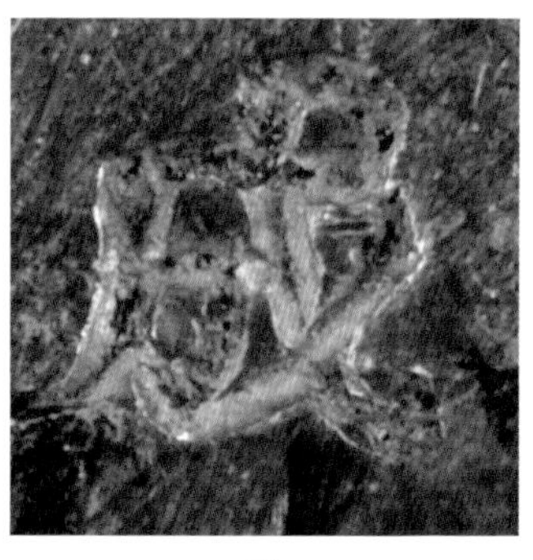

成

成发 老店

承

诚源住霞浦街

程广发造

程裕茂造

春记 点铜

大成 制造

大连 义盛 自造

大连 志成 锡铺

道口 广盛 点铜

道口 广兴隆造 点铜

道口 合记

道口 合聚 点铜

道口 聚盛 老号

道口 聚盛

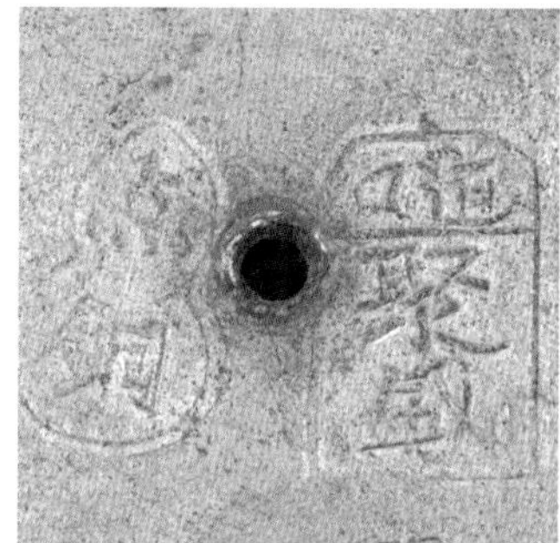

道口 聚盛 点铜

道口 同泰 点铜

道口 铜盛 点铜

道口 万家

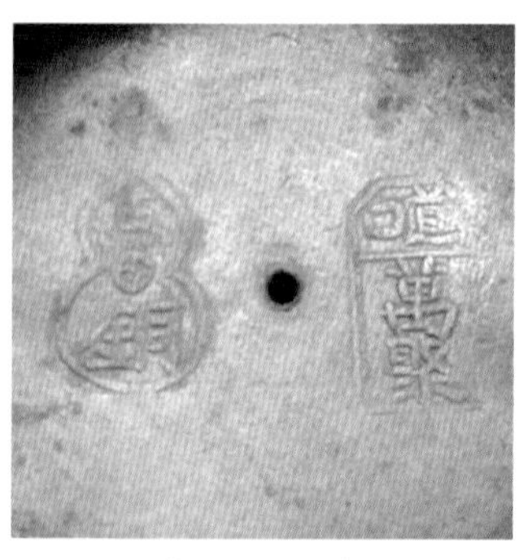

道口 万聚 点铜

道口 兴盛义

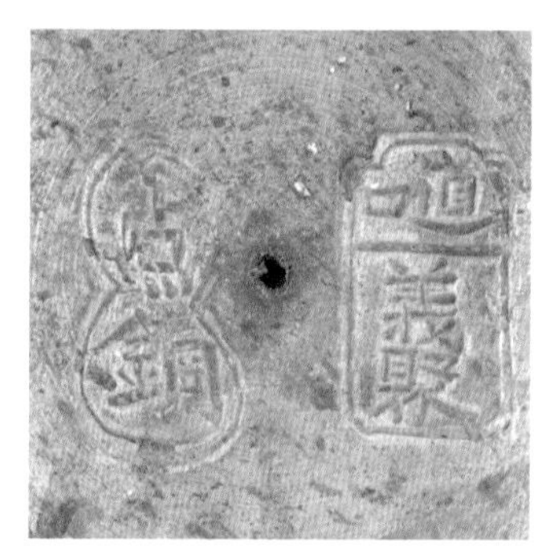

道口 义聚 点铜

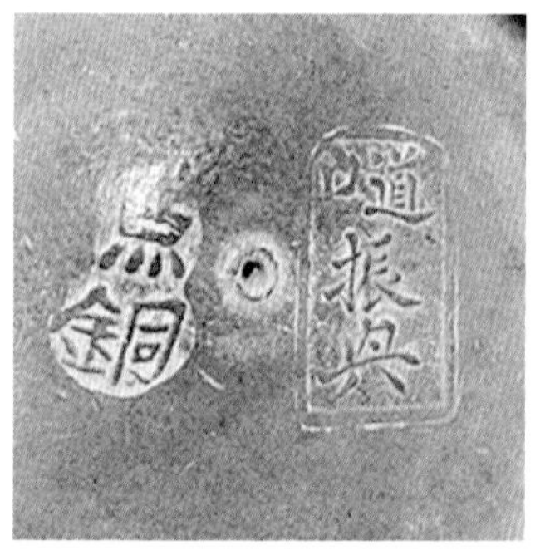

道口 振兴　点铜

道口 义顺　点铜

德聚

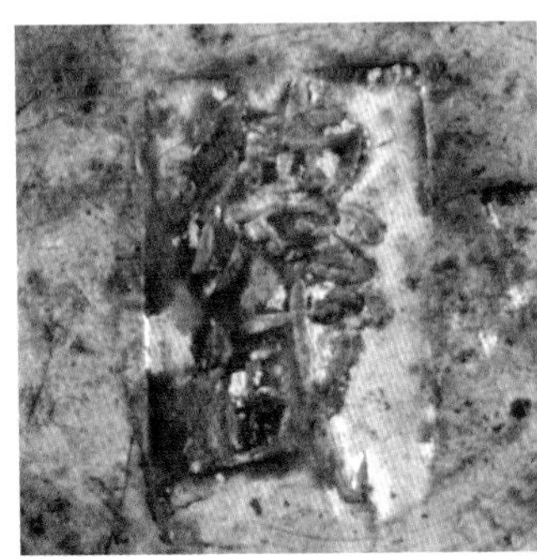

德盛

德元恒记 自造

登龙街 联兴 斗锡

登龙街 怡兴 斗锡

登龙街 永隆 聖斗

都亭桥 黄万丰造 洋点

端州 高兴 仿古

端州 又新 仿古

丰好堂造

福省 东牙巷 益兴 点铜

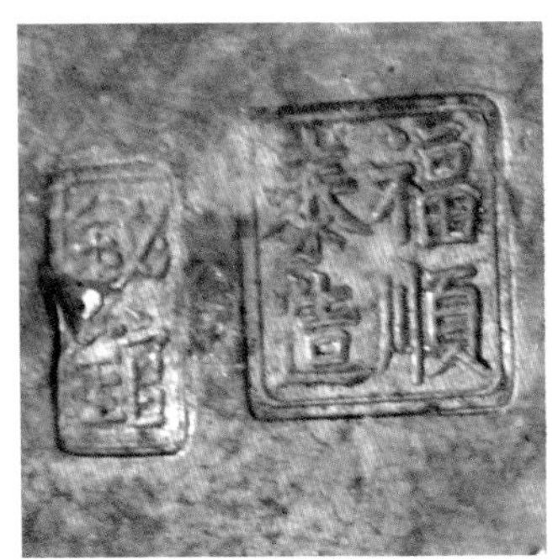

福顺泰造 铋馆

福泰

复兴

公顺长记

光明

广才

广东 万裕 点铜

广利

广明

广友

广州 下九 明生造

杭城 宝源

杭州 郑宝泰 真足点
长江万龙瑞香殊店

何协大

和利

恒发号自造铜锡器

胡正昌

湖南省 长沙 北正街
易泰昌 锡号

湖南省 福胜街 谢福胜造
净点 包用

湖南省 理问街 包用 净点

湖南省 坡子街 杨震泰造
净点 包用

湖南省 章福兴

华记锡铺

辉记

吉利 老店 净足

吉兴

吉兴 怀安街

江邑 蔡上达造

江阴 云亭 钱同兴造

金陵 三山街 东兴号 净点

进利净足

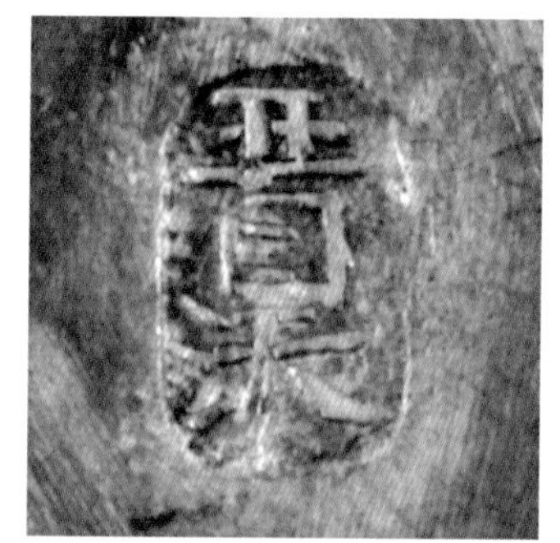

晋沃

晋沃 同心锡店 点铜 包用

京都东四牌楼南路

京口 涌兴裕造 点铜

聚仁锡店

聚元号 正点铜

老德大

乐源昌 净点

李金发造 包用

李全泰

连发

梁全盛造

刘正大造

龙口 恒兴

陆恒泰造 钩光

棉湖 杨家芝源

南通 协慎昶造

平邑 义和德造

前门牌楼路东 合义号

打磨厂移此

前门外打磨厂 合义号

前门外打磨厂 万昌号

乾隆年制

乾茂号造

庆和 点铜

庆钟堂制

仁泰点铜

镕发

如皋 大福来造 净点

瑞记

瑞邑 吴恒吉 真足点
不真包换

山塘 西义丰造 全点

祥兴

汕头 颜光兴 出品

汕头 颜进记 出品

汕头 颜隆记

颜隆记 出品

汕头 颜奇香

汕头 颜增记

上洋 老恒丰造 满点

上洋 吕义泰造 钩光

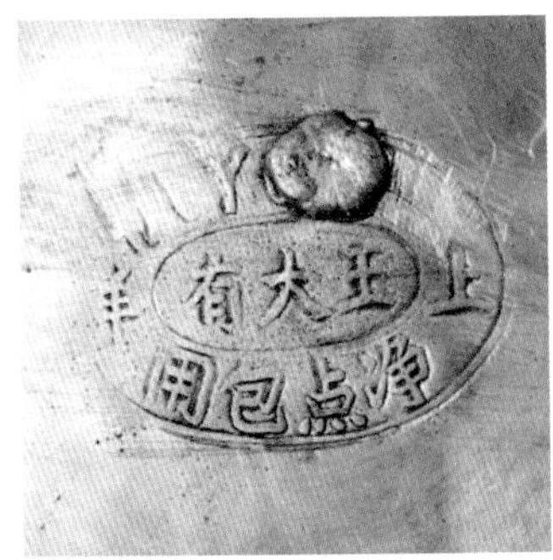
上洋 王大有 净点 包用

上洋 信大自造

上洋小东门 万聚 自造
包用 净点

沈松茂造

省城 万福路 胜隆制 清水濠

石码 泉源

沭水乔记

天津 永德号造 点铜

天永号造 点铜

同德字号 包回换 洋点

同升字号 包回换

同顺自造

同兴字号 有假包换

王恒馨

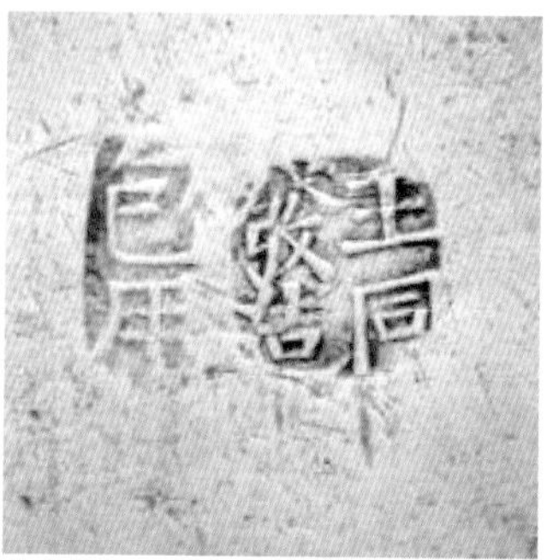

王同发造 包用

王源顺造 钩光

威海德玉

威海卫 同庆顺造

威海 文华顺

威海和成监制

威海和成锡店

学院前 李源茂 点铜

羊城 镜蓉轩 净水 贺锡

杨舍 乔德大造 洋点

叶恒利

义利广记

亿兴店造

亿兴店造 成 包换

奕和点铜

益兴足点

永记净锡

永利 点铜

永利号造

永盛

永泰昌 锡店 栏街

永馨造

永兴店记

永源

永州 永茂 包用

永州 玉泰

涌兴裕造 包用 纯点

徐顺泰造

玉峰

裕发锡铺

裕丰

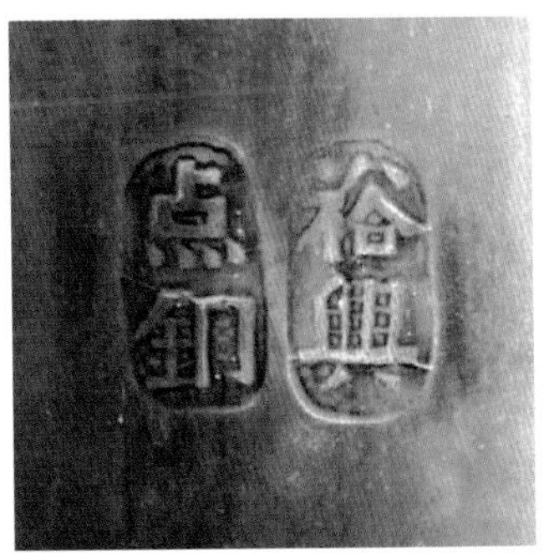

裕兴 点铜

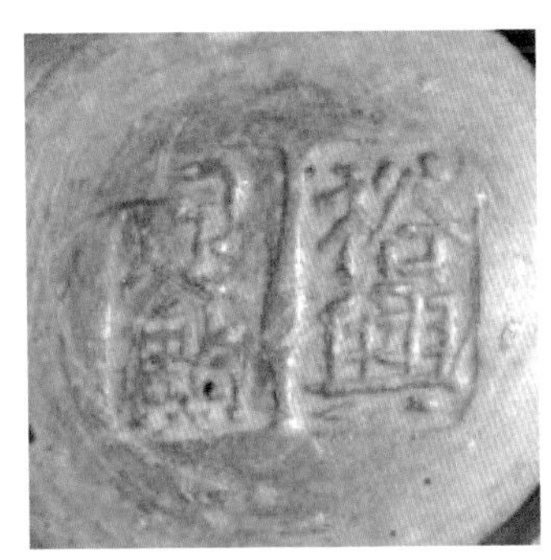

裕兴足点

元成 自造

元利

源利 点铜

云霄 刘广泰 真料 点铜

云盛夏记

泽鹿 徐锡铺造

责央永 自造 点铜

章治顺造

漳城 刘家义和 真料 点铜

漳浦 德和广记

漳州 广和 点铜

漳州 义和 点铜

漳州 永兴 点铜

漳州容记 正点铜

赵茂盛造

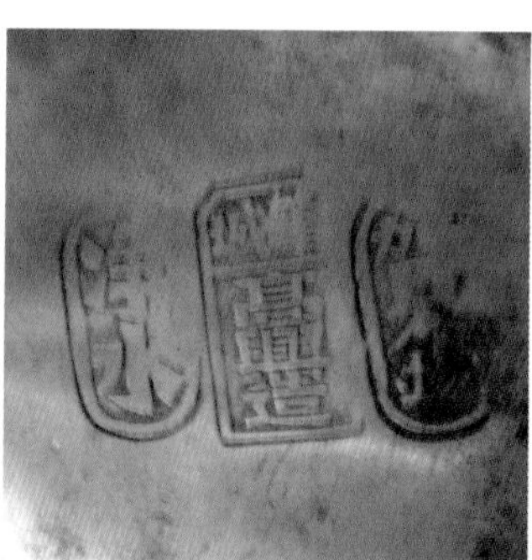

章治顺造

肇城 铭新 净水 贺锡

肇城 三兴 净水 贺锡

肇城 祥利造 净水 贺锡

肇城 正利造 净水 贺锡

肇城广兴隆 净水 贺锡

肇庆 铭新 仿古

浙宁 董永顺造 真铋馆

浙瓯 祥兴号 真足点

浙瓯 源顺兴 真足点 不真包换

郑连成记

中市 西义丰造

中兴